W0371883

BASTEI
LÜBBE

GIANNI SELVANI

ITALIENISCH

WIE ES NICHT IM WÖRTERBUCH STEHT

BASTEI
LÜBBE

BASTEI-LÜBBE-TASCHENBUCH
Band 63 070

1. Auflage 1982
2. Auflage 1983
3. Auflage 1985

© 1965 by Verlag Heinrich Scheffler GmbH & Co., Frankfurt/Main
Lizenzausgabe: Gustav Lübbe Verlag GmbH, Bergisch Gladbach
Printed in Western Germany 1985
Einbandgestaltung: Ralph Rudolph
Illustrationen von Atelier Nierhaus
Gesamtherstellung: Ebner Ulm
ISBN 3-404-63070-x

Der Preis dieses Bandes versteht sich einschließlich
der gesetzlichen Mehrwertsteuer

INHALT

ERSTER TEIL

1. Ein bißchen Geographie 7
2. Auf der Reise 12
3. Man lebt nicht vom Geist allein 19
4. Bei Tisch wird man nicht älter 30
5. Der Tageslauf des *ragionier* Brambilla 53
6. Der »Campanilismo« oder »Andere Länder – andere Sitten«, und unter anderem begegnet man womöglich einem »jettatore« 82
7. Liebe – mit oder auch ohne Phantasie! – 104
»Quant'è bella giovinezza . . .«

ZWEITER TEIL

8. Von Tieren und Pflanzen 121
9. Unser Körper – »ci dà una mano« 127
10. Ein Verbum »tutto fare« und noch andere mehr 139
11. Ein paar Worte im Flüsterton –, aber nur für Herren! 154
12. Eine Prise Grammatik 158

Zwei Worte zum Abschied 168

Register 173

Allen meinen Freunden
jenseits der Alpen
herzlich zugeeignet
Gianni Selvani

Erster Teil

1

EIN BISSCHEN GEOGRAPHIE

Italien wird, mein lieber Leser, *da un mucchio di tempo* = seit sehr langer Zeit, ich weiß nicht, seit wann, und will diese Zeilen auch nicht mit Daten beschweren, als Stiefel dargestellt, und so etwa kann es mit Phantasie, wenn wir es auf der Seite eines Buches oder des Atlasses abgebildet finden, wie der Stiefel eines Reitersmannes aus dem 16. Jahrhundert erscheinen. Mir, muß ich gestehen, gefällt dieses Bild nicht allzu gut. Vielleicht, weil ich etwas romantisch veranlagt bin und es ziemlich prosaisch finde. Stiefel sind nach meiner Ansicht zum Gehen und zum Reiten geeignet. Aber zwischen Festland und Meer ausgestreckt, wirken sie nicht recht angebracht.

So will ich jetzt ein anderes Bild vorschlagen und bitte deshalb, die Karte, die Sie vor Augen haben, herumzudrehen, denn wenn wir Italien einmal so sehen könnten, etwa von einem Berggipfel der Zentralalpen aus, und mit einem weiten Blick die ganze Halbinsel zu umfassen vermöchten, dann könnten wir uns ein schöneres Bild des Florentiners Papini zu eigen machen und die Linien, die sich zwischen Himmel und Meer hinstrecken, als die Umrisse eines mächtigen Baumstammes erkennen . . .

So beschreibt es uns der Dichter: ». . . den mächtigen Stamm eines alten Baumes, der inmitten des grimmigen Glänzens des Meeres zu Erde und Stein geworden ist.
Ein kräftiger Stamm, noch voll von warmen Säften, jedoch kaum mehr als ein Stamm, eine von den Stürmen kahlgeschlagene, von den Blitzen entlaubte heilige Eiche. Ein paar herausragende Astknoten an den Seiten, doch nur zwei Äste an der Spitze: einer, der sich nach dem Griechenland der Götter hinstreckt, und der andere, der dem Afrika der Ungeheuer entgegenwächst. Diesem zweiten Ast ist fast die dreieckige Landfläche Siziliens angefügt, wie eine ewige Frucht, die die Fruchtbarkeit der Mutterpflanze bezeugt und ins Gedächtnis ruft. (In den Fresken von Giotto und Michelangelo haben die Bäume meistens nicht mehr als ein oder zwei Blätter und sind doch echter als ein ganzer Wald.)«
Sehen Sie, wie die Landkarte, wenn sie auf den Kopf gestellt wird, gleich deutlicher und beredter scheint. Dieser Stamm von einem alten Baum also, dieses Land, stößt mit den Bergrücken des Apennin nach Süden, in das Zentrum des Mittelmeers vor und berührt fast das afrikanische Festland, das von seinem südlichsten Punkt nur noch 140 Kilometer entfernt ist. Seine Küsten dehnen sich über einen Umfang von 8500 Kilometer aus, während im Norden das Festland, das sich den Po entlang von Piemont nach Venetien hinzieht, nur 400 Kilometer an Breite erreicht und die Halbinsel, der Stamm also, nur 200 bis 250 Kilometer breit ist. Die Länge des Baumes von der Wurzel bis zur Krone, also von Chiasso bis zum Capo Pizzuto in Kalabrien, beträgt etwa tausend Kilometer.
Als natürliche Folge seiner besonderen Lage zeigte es sich, daß diese Halbinsel, die an drei Seiten vom Meer und an der vierten Seite von der Alpenkette eingeschlossen ist, einen vorwiegend insularen Charakter besitzt. Das alte Rom schon mußte sich an einer Wende seiner Geschichte mit seinem Gegner Karthago auf dem Meer messen, und über das Meer erstreckten die mächtigen Seerepubliken Venedig, Genua, Pisa und Amalfi ihre Herrschaft. Als Zeuge für das dem Meer verbundene Schicksal Italiens kann Venedig gelten, das, fest in der See verwurzelt, zu deren Königin

wurde und sich mit ihr vermählte. Für all die Jahrhunderte seiner Geschichte, vom Ende des weströmischen Reiches, vierzehn Jahrhunderte lang, bis zum napoleonischen Vertrag von Campoformio, war die *Repubblica Serenissima di S. Marco* die einzige der ganzen Halbinsel, die frei von Fremdherrschaft blieb und ihre Herrschaft auf dem Meer und von da auf dem Lande ausbreitete – erst als durch die Entdeckung Amerikas ihr Meer zu klein wurde, begann ihr Untergang.

Das heutige Italien ist in 19 Regionen eingeteilt – vergleichbar den deutschen und österreichischen Ländern oder schweizerischen Kantonen –, jede Region umfaßt ihrerseits mehrere Provinzen (ähnlich den deutschen Regierungsbezirken), jede Provinz besteht aus verschiedenen *comuni*, und diese sind wiederum in *frazioni* geteilt.

Die Regionen haben etwa die Grenzen der alten ethnischen Gebiete, z. B. Lucania, Umbria, Liguria, und beruhen oft auf historischem Ursprung, sie bilden die bunten Steine eines großen ethnisch-historisch-geographisch-kulturellen Mosaiks.

Beinahe alle Kulturen der Vergangenheit haben ihren Weg durch Italien genommen und ihre Spuren hinterlassen, doch am Ende wurden die Eroberer immer von der eingeborenen italienischen Mehrheit assimiliert. Sizilien allein ist schon ein Mischkrug der Völker gewesen – Sikuler, Griechen, Phönizier, Araber, Normannen, Franzosen, Spanier lösten einander ab und hinterließen oft wunderbare Zeugnisse; an andere, nicht weniger verschiedenartige Völkerwellen erinnert dieser oder jener Winkel auf dem italienischen Festland. Italien, das Land der Hesperiden, ist wirklich ein riesiger Schmelztiegel der Völker und Kulturen, die sich am ewigen Feuer seiner Vulkane aufgelöst haben und zu neuer Form gekommen sind. Es ist ein altes Volk, erschöpft und sich immer wieder erneuernd, begeisterungsfähig und skeptisch, aktiv und indolent, unduldsam und doch geduldig, abergläubisch und fromm, gutmütig und ironisch, künstlerisch begabt, mehr spontan und realistisch als träumerisch, mit tausend Tugenden und tausend Untugenden zugleich behaftet, wobei das Herz den Vorrang hat vor der Vernunft, die Leidenschaft vor der Überlegung; wo jedoch auch genau das Gegenteil vorkommt, wo alles möglich ist und nichts unmöglich. Absonderlichkeit und Genie, Egoismus und Großzügigkeit, Gemeinheit und höchste Vornehmheit sind dort zu Hause, und über allem herrscht ein souveräner Individualismus.

Ein Individualismus, der auch in dem sogenannten *Campanilismo* (= Lokalpatriotismus) zum Ausdruck kommt, im Stolz, Toskaner, Piemontese, Sarde zu sein, aus Siena oder Pisa zu stammen, vom Norden oder vom Süden, aus Unter- oder Oberitalien herzukommen!

Nein, gerade in Italien kann man nicht verallgemeinern oder so einfach ein Urteil abgeben, eigene Eindrücke und was man vom Hörensagen weiß auf einen gemeinsamen Nenner bringen: Italien ist in der Tat mehr als andere Länder ein eigenartiges Gefüge von Menschen, Natur, Himmel und Meeresküsten. Einer seiner Schriftsteller, Antonio Baldini, hat sich dazu diese Geschichte erdacht: »Vor Urzeiten sagte eines Tages Gottvater: Jetzt will ich mir eine Freude machen und das schönste und merkwürdigste Land der Welt schaffen. Aus dem Gemisch der verschiedenen Erdteile war ihm ein bißchen vom Orient und ein bißchen vom Okzident, etwas vom Norden und etwas vom Süden übriggeblieben, und da war ihm der Gedanke gekommen, etwas ganz besonders Köstliches daraus zu machen, etwas, das wohl im ganzen einen ihm eigentümlichen Geschmack habe, aber in jedem Stückchen wieder ein ganz besonderes Aroma. Und damit diese Aromen sich nicht vermischen könnten, stellte er zwischen die eine Gegend und die andere so viele Bergrücken, daß beide fast nichts mehr voneinander bemerkten, und um auch die Umrandung schön bunt zu gestalten, gab er dem einen Meer die eine Farbe und dem anderen eine zweite. Deshalb kam es den Fischern des einen Meeres in den Sinn, weiße Segel aufzuziehen, während die anderen bunte aufzogen; aus fast dem gleichen Grund, aus dem in manchen Gegenden des Apennin die grauen Häuser so hübsch aussehen, und gleich danach sind sie rot; und in einem Tal haben alle schwarze Augen und im nächsten blaue, und die Sonnenuntergänge in dem einen Dorf gehen ins Rötliche und in dem anderen mehr ins Violette . . .«
Und so, wie man diesem Land nicht mit einem allgemeinen, globalen Urteil gerecht werden kann, so kann man es auch nicht in Eile kennenlernen. Man sollte es nach und nach in Ruhe entdekken und sich dazu Zeit nehmen. Wer an den Ufern des Adriatischen Meeres gewesen ist, hat gewiß keine Ahnung von der tyrrhenischen Küste, wer die Bewohner Venetiens kennt, kann sich weder die Pugliesen noch die Umbrer vorstellen.
Die folgenden Seiten sollen ein Panorama der lebendigen Sprache geben, die sich in der Weise gebildet hat wie die Sitten und

Gebräuche, wie die Steine der Klippen, die von den Wellen der Zeit geschliffen werden und bedeckt sind mit frischem Moos, ausgetrocknet in unzähligen Sommern.
Die gesprochene, die lebendige Sprache zu kennen wird helfen, jenes Volk zu verstehen, das sie Tag für Tag gebraucht.

2

AUF DER REISE

Da sind wir also auf der Reise, ja, sogar schon jenseits der Grenze, und auf die üblichen Fragen der Zollbeamten haben Sie geantwortet, daß Sie nur

effetti personali = Kleider, Wäsche und Privatsachen bei sich haben, nämlich all das – es ist ja immer zuviel und doch auch zu wenig –, was man auf einer Ferienreise mitnimmt. Ob Sie im Zug angekommen sind oder ob Sie es vorgezogen haben

di non fare a meno = nicht zu verzichten auf Ihre getreue

macchina = Ihren Wagen – ein allgemeiner Ausdruck, mit dem in Italien das Auto und noch viele andere Dinge bezeichnet werden – so werden Sie jetzt jedenfalls etwas einkaufen müssen: Ihre kleine

scorta oder *provvista* oder *riserva,* was alles Vorrat bedeutet, von Zigaretten ist vielleicht zu Ende gegangen.
Wo wollen Sie sie kaufen? Vom Zug aus haben Sie vergeblich daraufhin den Wagen abgesucht, der auf dem Bahnsteig Kaffee und andere Getränke anbietet – aber keine Zigaretten. Sie haben einen ersten Versuch gemacht und vor einem Lebensmittelgeschäft, einem

negozio di generi alimentari, mit dem Wagen gehalten und nach Zigaretten gefragt –

niente da fare, nichts zu machen! Fast alles ist dort zu haben, nur nichts zu rauchen. Aber ich will Ihnen einen Tip geben. Dort, gerade an der Ecke, finden Sie das,

che fa per voi = was Sie brauchen. Es ist eine

Rivendita di Sale e Tabacchi oder *Spaccio Tabacchi,* in der Umgangssprache einfacher

tabacchino oder *tabaccaio* genannt, also ein Tabakladen. Das kleine Geheimnis besteht darin, daß in Italien alle Tabakwaren Staatsmonopol sind, wie sogar auch das Salz; das letztere ist nur in Sizilien monopolfrei in Anbetracht der Tatsache, daß die Insel selbst mit ihren Salinen einen großen Teil des Salzbedarfs liefert.

Im Tabakladen nun haben Sie Ihre Zigaretten gekauft, und da fällt Ihnen ein, daß Ihr

accendino = Feuerzeug *è rimasto a secco* = leer ist, Sie fragen also nach einer

fialetta di benzina = Benzinampulle. Oder aber Sie wollen Streichhölzer kaufen. Hören Sie, was es da alles gibt!

una scatola di fiammiferi = Streichhölzer, wie bei uns;

svedesi = Schwedenhölzer, geeignet vor allem für Pfeifenraucher;
zolfanelli = dasselbe wie fiammiferi, ebenso
fulminanti, so werden sie hauptsächlich in Venetien genannt.
cerini sind die typischen italienischen Wachszünder, von denen sich wohl die meisten Italienreisenden eine Schachtel mit nach Hause nehmen; es sind kleine wachsgetränkte Papierstifte, die leicht und gut brennen; man muß aber flink sein, wenn man sich ihrer bedient, sonst verbrennt man sich die Finger.
minerva schließlich heißen die flachen Packungen, die in Deutschland oft als Reklame verschenkt werden.
Hier beim Tabakhändler können Sie auch die Briefmarken für Ihre ersten Ansichtskarten aus Italien besorgen. Wie in Frankreich, so gibt es auch in Italien in diesen Geschäften Postwertzeichen, aber
raccomandate = Einschreibsendungen oder andere Sonderwünsche können dort nicht angenommen werden, dazu muß man sich zum Postamt begeben. Beim Tabakhändler aber gibt es noch etwas anderes zu kaufen, ein seltsames Papier,
la carta da bollo oder *carta bollata* = Stempelpapier, für den Fall, daß Sie irgendein offizielles Schriftstück aufsetzen müssen, etwa für den Ankauf von Grund und Boden oder einen notariellen Akt; all dies muß auf
carta bollata, auf dieses besondere Stempelpapier geschrieben werden, das so genannt wird, weil es einen geprägten Wertstempel (= *bollo*) trägt und je nach der Gebührenvorschrift für die verschiedenen Dokumente verwendet werden muß. Es handelt sich also um ein vom Staat ausgegebenes Papier, das deshalb in den staatlich autorisierten Monopolgeschäften verkauft wird, die man auch
privativa nennt.

Und nun
stiamo per rimetterci in viaggio sind wir im Begriff, unsere Reise fortzusetzen,
se non ci fosse venuta una gran voglia di prendere un caffè, wenn wir

nicht große Lust bekommen hätten, eine Tasse Kaffee zu trinken, ja, oft hört man sogar

muoio dalla voglia di prendere un caffè ich sterbe vor Lust, Kaffee zu trinken! Also

attraversiamo la strada = überqueren wir die Straße und betreten wir

il bar. Keine Angst! Es ist bestimmt eine Bar ohne Bardamen. Die Bar ist in Italien ein Lokal für den Tag (nur in einem Punkt gleicht sie der in Deutschland üblichen Nachtbar, nämlich, daß in beiden die Getränke an der Theke = *al banco* serviert werden).

Man kann dort unter einer Unmenge von warmen und kalten Getränken wählen; gewöhnlich trinkt man im Stehen und möglichst auch schnell, um für neue Kunden Platz zu machen.

Von den verschiedenen Getränken wird später noch die Rede sein, diesmal bestellen wir unseren Kaffee, meistens nur

espresso genannt. Wer es etwa brauchte oder wollte, könnte aber auch eine

camomilla = Kamillentee (meist *Bonomelli*) haben oder

un tè, eine Tasse Tee, der fast immer recht gut ist. Der

espresso kann sogar auf Maß gereicht werden, ganz nach Geschmack,

lungo oder *alto*, oder im Gegenteil *ristretto:*

ristretto = stark konzentriert, also weniger als gewöhnlich heißes Wasser bzw. heißer Dampf;

lungo = zum gleichen Maß Kaffee etwas mehr heißer Dampf;

alto = *bedeutet das gleiche wie lungo* und wird vor allem in der Toskana gebraucht.

caffè corretto = ein *espresso* mit einem Schuß Kognak oder Rum. Sie schauen sich suchend um, und ich will Ihnen helfen, da Sie ja auf der Reise sind und recht bald weiterfahren wollen. Ja, dort drüben steht es, *toilette* (leider werden Sie es nicht überall so vorfinden, wie es sein sollte), und wenn kein Schild zu entdekken ist, können Sie so danach fragen:

dov'è la toilette – das ist eine überall gültige Bezeichnung und ein

Wort, das man immer mit der nötigen Diskretion nennen kann.

Hier noch einige andere Namen:

gabinetto = eine immer dezente Bezeichnung; aber man sagt auch *gabinetto dentistico* und *gabinetto oculistico* für eine Zahnarzt- oder Augenpraxis. (Das *Gabinetto Vieusseux* dagegen ist eine berühmte Bibliothek in Florenz!)

Außerdem wird *gabinetto* auch im Sinne des deutschen Kabinetts für den Ministerrat und die Kanzlei eines Ministers verwandt.

posticino = ein diskreter Ausdruck, mit dem man auch in einem Privathaus, bei Freunden, danach fragen kann;

latrina = ein Wort, das, wie in Deutschland, häufiger in Kasernen gebraucht wird;

ritirata = so wird in den älteren italienischen Zügen diese gewisse Örtlichkeit bezeichnet;

cesso ist ein vulgärer Ausdruck.

Wenn wir in einem Privathaushalt danach fragen wollen:

dove posso ritirarmi un momento? Posso fare una telefonata? Dove potrei lavarmi le mani?

Vespasiano heißt das öffentliche Pissoir, weil es mit der Antwort »Geld stinkt nicht« (*non olet*) vom Kaiser Vespasian als Steuerobjekt herangezogen wurde. Es gibt auch

gabinetti pubblici = öffentliche Toiletten gegen Bezahlung, doch möchte ich den Damen von ihrer Benutzung abraten wegen des für Männer und Frauen meist gemeinsamen Eingangs.

Si è fatto tardi = es ist spät geworden. Steigen wir wieder in unser Auto, zerstreut wie immer, noch dazu in einer fremden Stadt und

peggio che peggio = noch schlimmer, im Ausland . . . oh weh,

abbiamo preso un senso unico = wir sind in eine Einbahnstraße gefahren, aber von der falschen Seite, wir fahren rechts in die erste Seitenstraße hinein,

ma la sfortuna ci perseguita = das Pech verfolgt uns, denn wir sind in

un vicolo cieco = eine Sackgasse geraten.

A marcia indietro = im Rückwärtsgang fahren wir also auf

la strada principale = die Hauptstraße zurück, und diesmal reihen wir uns in die richtige Fahrtrichtung (= *nella direzione giusta*). Zum Glück ist hier kein

divieto di sosta = Halteverbot. So halten wir einen Augenblick an, um

la pianta della città zu betrachten – das ist aber nun nicht etwa eine herrliche Pflanze, vielleicht der prächtigste Baum der Stadt; nein, wir haben nur den Stadtplan vor uns ausgebreitet. Da aber leider

non ci raccapezziamo oder *non ne veniamo a capo*, d. h. wir daraus nicht klug werden, wenden wir uns an einen vorbeikommenden Polizisten,

un poliziotto. Es handelt sich jedoch gar nicht um einen *poliziotto*, sondern um einen

vigile urbano, einen Verkehrspolizisten, der in Italien im Dienst der Stadtverwaltung steht und für den Verkehr zuständig ist. Das eigentliche Polizeikorps besteht aus den

Carabinieri (Sing. *il carabiniere*) und *la Celere*. In Rom heißen die Verkehrspolizisten

metropolitani, im Volksmund in Norditalien werden sie

cappelloni (nach *cappello*, ihrer Kopfbedeckung, die derjenigen der englischen policemen gleicht) oder *pizzardoni* genannt.

Nachdem der Tourist die gewünschten Auskünfte (*informazioni*) erhalten hat, setzt er sich wieder

al volante hinter das Steuer;

la volante (fem.) dagegen ist eine Sonderabteilung der Polizei, die vor allem gegen

malviventi = Verbrecher eingesetzt wird. Doch wir sind jetzt im Auto, der Fahrer

ingrana la prima, innesta quindi la seconda schaltet den ersten Gang ein, dann den zweiten und gelangt bis zum nächsten

distributore di benzina = Tankstelle, dort

fa fare il pieno = läßt er volltanken,

fa controllare l'olio e l'acqua = läßt er Öl und Wasser nachsehen und fährt weiter bis zur

entrata dell'autostrada = Einfahrt zur Autobahn. Dort muß man angeben, bis wohin man zu fahren gedenkt (im Italienischen sagt man *andare,* auch wenn man im Wagen fährt, also gehen statt fahren). Man bekommt

uno scontrino = eine Karte, die zur Kontrolle für die Bezahlung an der Ausfahrt dient; in Italien nämlich muß für die Benutzung der Autobahn eine Gebühr entrichtet werden, nach einem Tarif, der sich nach dem Hubraum staffelt, was den Vorteil und den Trost bietet, daß die Autobahnen längst nicht so überfüllt sind wie in Deutschland. Nun aber

si preme (o pigia) l'acceleratore tritt man auf den Gashebel,

si dà tutto gas = man gibt Vollgas, denn jetzt kann man

filare = losbrausen: wir sind auf der

autostrada del sole, auch wenn es

per colmo di disdetta = zum größten Pech –, und

ironia della sorte = Ironie des Schicksals, regnet!

Nach einer Stunde halten wir an

un posto di ristoro, einer Raststätte,

per sorbirci un altro caffè = um noch einen Kaffee zu schlürfen – wir sind nämlich schon auf den Geschmack gekommen.

Abbiamo intenzione = wir haben die Absicht, später in Bologna zu essen, wo die Küche nicht weniger berühmt ist als die alte Universität, wie der Spruch zeigt:

Bologna, la dotta, Bologna, la grassa = Bologna, die gelehrte Stadt, Bologna, die fette Stadt.

3

MAN LEBT NICHT VOM GEIST ALLEIN

Non si vive di solo spirito

Nun sind wir schon auf einer Straße der Stadt, auf der
circonvallazione = Ringstraße, wir fahren in einen
corso = eine große, repräsentative Hauptstraße, kommen heraus bei
un piazzale – una piazza – un largo – was alles im Grunde Platz bedeutet, wobei
piazza der eigentliche, architektonisch bewußt als solcher gestaltete Platz ist,
largo dagegen mehr ein durch das Zusammentreffen von mehreren Straßen entstandener freier Raum und
piazzale ein Platz von länglicher Form, eine Art Kombination von Allee und Platz.

Lassen wir unseren Wagen in
un parcheggio auf einem Parkplatz, d. h.
la parcheggiamo (von *parcheggiare*) oder *la parchiamo* (von *parcare*), – das letztere wird in der Umgangssprache heute häufiger gebraucht; und bevor wir
ci mettiamo a tavola uns zu Tisch setzen,
facciamo quattro passi gehen wir noch ein paar (vier) Schritte. Es tut immer gut
sgranchirsi le gambe = sich die Beine zu vertreten, vor allem, wenn man längere Zeit am Schreibtisch oder im Wagen gesessen hat, und
per stuzzicare l'appetito um den Appetit anzuregen, betreten wir eine große Bar im Zentrum. Diese großen Cafés oder Bars sind in Italien immer voll; eine Menge Leute stehen herum; es ist ein unaufhörliches
via e vai Kommen und Gehen von Menschen, die reden, sich begrüßen und dabei ihre Bestellungen aufgeben. Sätze dieser Art kann man hören

afferandole al volo = wörtlich: sie im Flug auffangend:
»*che prendi?*« was möchtest du?
»*che prendiamo?*« was sollen wir trinken?
»*offro io*« ich lade dich dazu ein,
»*già fatto*« = schon gemacht d. h. schon bezahlt,
»*oggi tocca a me*« = heute bin ich dran,
»*no, no, ho pagato io!*« = nein, nein, ich habe schon bezahlt,
»*mi offendo!*« = sonst kränkst du mich,
»*ma allora decidetevi* = nun entschließt euch schon.

A tutta prima = zuallererst kann man gar nicht anders als unentschlossen sein. Zum Teufel, was soll man nur bestellen, denn es scheint, daß man hier alles, was man nur will, haben kann. Vergessen Sie nicht, daß man an der Kasse, wo man vorher den

scontrino = Kassenbon ersteht, d. h. bezahlt, was man zu verzehren gedenkt, nicht sagen kann

un aperitivo = einen Aperitif, sondern man muß die Sorte nennen, die man haben möchte. Hier einige Vorschläge, einige von den in Italien am meisten getrunkenen Arten:

Carpano ist wohl der älteste der heute getrunkenen Wermutsorten. 1786 wurde er von G. B. Carpano in Turin zuerst hergestellt. Der »Palazzo Carpano« in Turin, der Sitz der Firma, ist ein sehenswertes Gebäude aus der damaligen Zeit.

Punt e Mes, ein anderer Wermut aus dem gleichen Hause von dunklerer Farbe und eher bitterem Geschmack. Seinen Namen verdankt er der folgenden kleinen Geschichte: In der ersten Hälfte des 19. Jahrhunderts, als das Café Carpano Treffpunkt der Turiner Börsenmakler war, entspann sich in einer Gruppe von diesen eine lebhafte Diskussion darüber, ob bestimmte Aktien um einen »punto« (eine Lira) oder einen und einen halben »punto« (eine und eine halbe Lira) gestiegen seien, und einer von ihnen, ganz in das Gespräch vertieft, antwortete dem Kellner, als dieser ihn fragte, ob er den gewohnten süßen oder den neuen bitteren Wermut wünsche: »No! Un punt e mes« *(un punto e mezzo)*! Allgemeines Gelächter der Zuhörer, und von dem Tag an wurde der neue, mehr bittere Wermut, der bis dahin noch keinen Namen gehabt hatte, »Punt e Mes« genannt. Die verschiedenen Sorten von

Martini und *Cinzano* – auch diese beiden Firmen sind in Turin ansässig – sind auch nördlich der Alpen gut bekannt. Der Rote, von würzigem und bitterem Geschmack, dann der Weiße, Süße und der Martini bzw. Cinzano dry, die gern als Grundlage für Cocktails genommen werden.

Der *Campari* erhielt den Namen ebenfalls nach seinem Erfinder, Davide Campari, der um 1860 ein Café an der Piazza del Duomo gründete und sein neues Getränk »Bitter all'uso di Olanda« taufte. Das Publikum jedoch, bei dem es schnell Anklang fand, nannte es einfach »Bitter-Campari«.

Aperol ist ein leichterer Wermut, der in einem vorher in Zucker getauchten Glas mit einem Stückchen Zitrone serviert wird.

Zucca oder *Rabarbaro Zucca* trinkt man am besten in der *»baretto del Zucca«*, einer kleinen Bar in der »Galleria« von Mailand, es ist, wie der Name besagt, ein Rhabarberextrakt, der mit Soda verdünnt getrunken wird.

All diese
aperitivi kann man mit
seltz = Soda,
con ghiaccio = mit Eiswürfeln oder
liscio = pur, ohne Beigabe trinken. Auch
un succo di pomodoro = Tomatensaft kann man natürlich haben.

In den kleinen Bars am Stadtrand oder auf dem Lande wird

a mo' di aperitivo = als Aperitif ein Glas Wein getrunken. Dann gibt es das

frullato di frutta, ein Fruchtmixgetränk, das man aber nicht vor Tisch zu sich nehmen sollte, es sei denn, daß man über einen

stomaco di struzzo, wörtlich: einen Straußenmagen, also einen Magen, der mit allem fertig wird, verfügt, denn das Getränk ist sehr nahrhaft und mehr als kleine Zwischenmahlzeit geeignet. Da wir nun schon wieder in einer Bar gelandet sind, sollten wir von einer kleinen, nicht unwichtigen Handlung sprechen, die sich mehrmals am Tage in verschiedenen Situationen wiederholt – vom Trinkgeldgeben.

La mancia, das Trinkgeld, hat mit dem Wort

mangia von *mangiare* = essen nicht das geringste zu tun, sein etymologischer Ursprung ist schon etwas komplizierter; es stammt von

niente di meno = nichts Geringerem als dem Wort

manica = Ärmel; aus dem spätlateinischen *manicia (manus* = Hand) wurde *mancia* und im Mittelalter erhielt es die Bedeutung von Geschenk, als die Damen ihren Rittern beim Turnier als symbolisches Geschenk einen Teil ihres Ärmels (altfrz. manche) überreichten. Noch heute ist der Ausdruck

dare la buona mano im Sinne von *dare la mancia* geblieben; ebenfalls aus dieser Zeit stammt

essere di manica larga = wörtlich: einen weiten Ärmel haben, im Sinne von

essere generoso, also freigebig, großzügig sein.

Kehren wir zurück in die prosaische Wirklichkeit und sehen wir, wie man sich bei dieser Gepflogenheit zu verhalten hat: Wenn wir den Kaffee an der Theke trinken, sind 50 bis 100 Lire pro Person zu rechnen, also im allgemeinen nicht weniger als 10 v. H. Am Tisch ist ein Bedienungszuschlag schon in der Rechnung enthalten, das weitere Trinkgeld richtet sich nach der Höhe des Verzehrs.

Mit all diesen Aperitifs haben wir den Appetit nun genügend angeregt, und die

patatine fritte = Kartoffelchips haben uns nur den Gaumen gekitzelt, es ist also an der Zeit, ein Restaurant aufzusuchen, wenn wir nicht im Hause von Freunden eingeladen sind. Doch davon wollen wir später sprechen. Das erste Problem, das sich uns darstellt, nachdem wir in einer Ecke einen schönen Tisch gefunden haben, von dem aus man hinter der großen

invetriata = Fensterwand den ganzen schönen, alten Platz sehen kann, ist *la lista delle vivande*, oder kurz:

la carta = die Speisekarte zu studieren, was nicht weniger anstrengend ist als vorhin das Studium der

carta stradale oder *pianta della città*, des Stadtplans. Was also soll *coperto* heißen? Ist es besser, das

menu, das *pranzo a prezzo fisso*, zu bestellen oder *alla carta* (= à la carte)?

Vediamo un po'! = Wollen wir mal sehen!

Il coperto ist das Gedeck, es wird seperat bezahlt, aber dazu gehört auch

pane a volontà = Brot nach Belieben und

acqua = Wasser.

Da wir in eines der besten Restaurants des alten Bologna geraten sind und uns eben einfällt, daß gerade heute der Geburtstag unserer Ehefrau ist – es könnte aber auch unser eigener sein –

faremo i grandi = wollen wir die großen Herren spielen und tafeln, wie es sich gehört. Beginnen wir also mit einem

antipasto, einem Vorgericht.

Prosciutto e melone = Schinken und Melonen, werden auf Eisstückchen serviert, vor allem im Sommer zu empfehlen!

Bresàola (oder *Bresavola*) ist eine Spezialität aus Valtellina, ein Rinderschinken,

Sottaceti vari für den, der Saures liebt; es sind verschiedene, in Essig eingelegte Gemüse.

Per primo = als ersten Gang sodann wollen wir, da wir in Bologna sind, eine Bologneser Spezialität versuchen:

tortellini alla bolognese, es sind mit Fleisch gefüllte Teigtaschen in einer köstlichen Soße; in Mailand hätten wir natürlich

risotto alla milanese bestellt, ein mit Safran zubereitetes Reisgericht, oder

il minestrone, eine dicke Gemüsesuppe, die auch gern kalt gegessen wird, oder den berühmten

ossobuco, eine Kalbshaxe, aber eben auf Mailänder Art mit Reis.

In Rom ißt man selbstverstänlich

le fettuccine, schmale Nudeln, oder

i cannelloni, eine dicke, gefüllte und überbackene Teigwarenart.

In Neapel und überall gibt es

la past'asciutta, wörtlich übersetzt hieße das »trockene Teigwaren« zum Unterschied zur

pasta in brodo, das sind Teigwaren in Bouillon, also Suppe. Doch trocken sind diese Teigwaren natürlich nie, seien es nun

spaghetti, maccheroni, rigattoni oder andere, denn sie sind

conditi = angerichtet mit

sugo, der bekannten Tomatensoße, oder

con burro = mit Butter oder

con ragù = mit Ragout, oder es gibt

lasagne al forno, das ist ein Auflauf von Teigwaren, um nur einige von den vielen Möglichkeiten und Kombinationen zu erwähnen. In Genua gibt es

la pasta con il pesto, mit einer Soße aus Öl, Käse, Knoblauch und Kräutern, in Pavia, doch nicht nur dort,

la zuppa alla pavese, eine Suppe aus geröstetem Brot, Ei und Fleischbrühe. In den Orten, die am Meer liegen, versteht es sich von selbst, daß

il piatto forte, die Spezialität, nur

la zuppa di pesce = die Fischsuppe oder

il brodetto di pesce sein kann. In Neapel ist nicht zu vergessen

la pasta con le vongole = Teigwaren mit Muscheln. Piemont dagegen bietet

polenta con lepre in salmì = Polenta mit Hasenragout.

Natürlich können wir hier nicht alle Möglichkeiten für den ersten Gang aufzählen, ein Kochbuch ist ja schon so dick wie ein Wörterbuch, und jeder kann selbst immer wieder neue Gerichte ausprobieren und daran denken, daß es klug ist und eines Feinschmeckers würdig, das zu versuchen, was die verschiedenen Küchen zu bieten haben. Ein gutes Sprichwort sagt, um uns Mut zu machen,

l'appetito vien mangiando = der Appetit kommt beim Essen; also weiter, der Kellner würde auch die Nase rümpfen

storcere il naso oder uns

guardare di brutto schief ansehen oder er wäre zum mindesten sehr verwundert, wenn wir uns nicht entschließen würden, einen guten zweiten Gang zu bestellen; vielleicht, warum nicht, wählen Sie selbst:

una pizzaiola = Beefsteak in Tomatensoße mit Majoran;

scaloppine al marsala = kleine Kalbssteaks in Marsala;

fegatini alla veneziana = Leber auf venezianische Art mit Zwiebeln und Salbei;

cotechino con lenticchie = eine besondere Art von Wurst mit Linsen;

trippa und *busecca* = Kaldaunen oder Kutteln, die in Italien auf besonders schmackhafte Art zubereitet werden und sehr beliebt sind;

manzo bollito oder *carne lessa* = gekochtes Rindfleisch;

pesce in bianco = gekochter Fisch;

frittura mista di pesce (calamaretti, scampi ecc.) = gebackene Fische, wie Tintenfische, Krabben usw. In Rom sind beliebt vor allem:

l'abbacchio = Lammbraten;

la porchetta = gebratenes Spanferkel und dazu

il contorno = die Beilage, wie

melanzane = Auberginen;

zucchine = ein gurkenähnliches, aber viel schmackhafteres Gemüse;

piselli = junge Erbsen;

fagiolini, auch *tegolini* oder *cornetti* genannt = Prinzeßbohnen;

patate = Kartoffeln, die auf mancherlei verschiedene Arten zubereitet werden;

insalatine = Salate, denen man kaum widerstehen kann, unter diesen z. B. *il radicchio rosso.*

Zum Abschluß dieses

lauto pasto = üppigen Mahles wird man Käse essen, je nach Geschmack einen

formaggio dolce, wie *stracchino*, *mascarpone* oder *Bel Paese*, oder einen
formaggio piccante, z. B. *gorgonzola*, *pecorino*:
provolone und *caciocavallo* sind leicht geräuchert,
formaggio grana oder *parmigiano* ist nicht nur gerieben gut. Hinterher noch
frutta di stagione, also Obst aus der Jahreszeit. Danach gibt es natürlich einen
espresso und dazu, warum nicht, eine
grappa = ein Branntwein oder *un grappino*, was dasselbe ist, aber hübscher klingt. In den eleganten Lokalen trinkt man
una sambuca, einen Anisschnaps, normalerweise serviert
con la mosca »mit der Fliege«, nämlich einer Kaffeebohne, oder auch ohne, einen
cordial, oder einen
rabarbaro als *digestivo*; die Kognakarten, die nicht typisch italienisch sind, will ich hier nicht nennen.

Mit allem Respekt für die
astemi (Sing. *astemio*) = Abstinenzler muß ich bekennen, daß ein solches Essen ohne das köstliche Göttergeschenk, das die Römer als erste auch in die deutschen Lande brachten, ohne den Wein wie eine schöne Landschaft wäre, die man durch die Fensterläden genießen wollte. Weit entfernt von solchen traurigen Gedanken, können wir sagen, daß wir keine Abstinenzler sind.

Weine gehören zu unserem Programm; wir haben eine Auswahl der italienischen Weine getroffen und sie so aufgeführt, wie sie zu den verschiedenen Gerichten passen würden. Nun, wir wollen sehen. Zu
ostriche = Austern und *frutti di mare* = kleinen Muscheln sollte man einen sehr trockenen Weißwein trinken, einen gut gekühlten
Vernaccia etwa, das ist ein großer Wein aus Sardinien, der überall zu finden ist. Zu
minestre in brodo = Bouillon, einen Weißwein,
asciutto oder *abboccato* = trocken oder mild, wie der
Tocai und der *Verduzzo*, beide aus Friaul.

Paste und *risotti* = Teigwaren und Reisgerichte: zu einer Fischsoße paßt trockener Weißwein, zu einer Fleischsoße ein trockener Roter und zu Wildragout ein voller Rotwein. Zu Eierspeise gehört trockener Weißwein, vorzüglich etwa

Oltrepò. Zu Fisch trockener Weißwein, z. B. Oltrepò; zu besonders delikaten Fischen

Verdicchio oder *Corvo bianco*. Zu

arrosto di carni bianche = Kalbs- oder Lammbraten paßt ausgezeichnet ein guter

Barbaresco, ein großer Wein aus Piemont, den es wohl in jedem guten Lokal gibt, jedoch auch ein

Barolo oder *Barbera*, beide aus Piemont, wo die Weine die Fülle der großen Burgunderweine haben, vor allem die beiden Genannten, wie auch der

Gattinara, sind diesen durchaus ebenbürtig. Zu

arrosto di carni rosse = Rinder- oder Hammelbraten trinkt man einen echten

Chianti, der einen Hahn oder einen kleinen Bacchus als Erkennungszeichen am Hals der Flasche trägt, etwa einen

Broglio, einen *Antinori* oder einen *Frescobaldi-Pomino*, oder, wenn man in der Toskana ist, auch einen Landwein, direkt vom Ort (der sogenannte *vino nostrano*).

Pollame = Geflügel verlangt leichte Rotweine, wie den

Bardolino vom Gardasee oder den

Grignolino aus Piemont. Zu

cacciagione = Wild gibt es volle Rotweine, wie einen

Gattinara, das ist ein Piemonteser Wein von höchster Qualität, oder einen

Barolo, der ihm gleichkommt. Zu

fegato = Leber paßt ein

Barbaresco oder jedenfalls ein anderer trockener und kräftiger Roter. Ich sage hier nichts weiter davon, welche von den Rot- und Weißweinen sich mit dem Käse am besten vertragen, denn das würde zu weit führen; ein Feinschmecker jedoch wird sich bald selbst zu helfen wissen. Es darf aber nicht vergessen werden, daß die Rotweine – abgesehen von dem sogenannten Rosé –

möglichst eine Zeit vorher geöffnet werden sollten und jedenfalls nie kalt getrunken werden dürfen, sondern richtig temperiert, damit ihre ganze Blume sich entfalten und ihre Fülle sich bemerkbar machen kann.
Der Wein also vervollständigt das Essen, und das Essen hilft, den Wein besser zu genießen, eines ergänzt das andere, wie in einer guten Ehe.
Nach der Mahlzeit, bei der alles so schön aufeinander abgestimmt war (in Klammern wollen wir hinzufügen, daß immer frisches Wasser serviert wird, ohne daß man ausdrücklich darum bitten muß, separat kann man Mineralwasser bestellen, das in

Italien weniger kohlensäurehaltig und vorzüglich ist), nach diesem Essen also – aber geben Sie acht, nur wenn dieses

pranzo = Mittagessen in Wirklichkeit

colazione = Frühstück war (Geduld, bald werden wir dieses Wortspiel erklären!), sollte man, wenn das Hotel nicht zu weit entfernt ist und die Sonne hernieder brennt, sich für ein Stündchen oder auch weniger zurückziehen, um *per fare*

la pennichella = das Mittagsschläfchen zu machen, wie man es in Rom nennt, doch der Ausdruck ist auch in ganz Italien verbreitet, oder um *per fare*

il chilo, was das gleiche bedeutet, also eine kleine Ruhepause. Schlafen Sie wohl und auf bald!

4

BEI TISCH WIRD MAN NICHT ÄLTER

A tavola non si invecchia mai

(Italienisches Sprichwort)

Die Sprichwörter, vor allem die alten, die Lebensweisheit zum Ausdruck bringen sollen, müssen respektiert und befolgt werden, und wir tun es bereitwillig und gern und setzen uns wieder zu Tisch, um dabei über etwas Klarheit zu schaffen.

Ich hatte versprochen, daß ich ein Wortspiel erklären wollte, als ich sagte, daß »dieses *pranzo* in Wirklichkeit *colazione* ist«. Was ich damit meinte?

Nun, die Dinge stehen so: Morgens gibt es für den, der es will, und in Italien sind es wenige, die es wollen, das erste Frühstück, dann, zwischen 12 und 1 Uhr, je nachdem, es kann auch später sein, setzt man sich zu Tisch zum

pranzo, dem Mittagessen, das jedoch in Wirklichkeit kein *pranzo* ist, sondern *colazione.* In der Umgangssprache sagt man *pranzo* für das Essen am Mittag und

cena für die Mahlzeit am Abend, aber eigentlich ist das nicht richtig. Nach den guten Gepflogenheiten und der Etikette muß man für das, was normalerweise *pranzo* genannt wird, *colazione* sagen, und die Mahlzeit am Abend sollte *pranzo* heißen statt *cena,* denn *cena* nennt man eventuell das Souper nach dem Theater. Das zu wissen ist wichtig, denn wenn Sie zum »pranzo« eingeladen sind, wird das für den Abend gemeint sein, und wenn man Ihnen sagt

fa colazione con noi, ist das für das Mittagessen gedacht. In Florenz wird man, wenn man Sie mündlich einlädt, oft hinzufügen

l'aspetto al tocco, was bedeuten soll: um ein Uhr, wenn nämlich die altbekannte Pendeluhr einen Schlag = *il tocco* macht.

Wir haben gesehen, daß es schon zu etwas nütze war, daß wir uns wieder zu Tisch setzten, zumindest um diese Probleme der Definitionen und Zeiten zu klären – stellen Sie sich vor, wenn Sie es nicht wüßten und womöglich mittags als unerwarteter Gast kämen, während

i vostri ospiti = ihre Gastgeber für das Abendessen mit Ihnen gerechnet hätten! Aber hier haben wir schon wieder eine andere Möglichkeit, Verwirrung zu stiften; ich sagte »i vostri ospiti« und meinte damit diejenigen, von denen Sie eingeladen worden sind – wie ist das mit dieser Geschichte, sind Sie denn nicht

l'ospite, der Gast? Keine Angst, ospiti sind im Italienischen beide Seiten, der Gastgeber

ospite ospitante, der auch *»anfitrione«* genannt werden kann (Plauto und Molière: »le véritable Amphytrion est l'Amphytrion aù l'on dîne«); also der echte Amphytrion ist der Gastgeber, bei dem man zum Essen ist, und

ospite ospitato der Gast.

Il nostro, il mio anfitrione wird übrigens auch von dem Gastgeber, gesagt, der im Restaurant einlädt, doch es ist eine gewählte, manchmal scherzhafte Form, auch wenn sie durchaus korrekt ist, und man kann sie nur in bestimmten Situationen anwenden. Wer zu oft und zu gern Gast ist, vor allem bei Tisch, ist jemand

che mangia a sbafo; man nennt ihn auch

sbafatore oder *scroccone;* daher

scroccare = auf Kosten anderer essen.

»Chi sa che non ti riesca a scroccargli un pranzo, è un tipo che invita facilmente!« = Wer weiß, ob du ihm nicht eine Einladung zum Essen abluchsen kannst; das ist einer, der gern einlädt!

sbafare heißt das gleiche wie *scroccare* (auf deutsch etwa schmarotzen), es ist noch mehr Jargon.

a sbafo = ohne zu bezahlen, z. B.

ha mangiato a sbafo, è andato a teatro a sbafo.

In Italien wird oft und gern zum Essen zu Hause oder im Restaurant eingeladen. Gäste sind immer willkommen, oft hört man zum Gast sagen

si consideri a casa Sua oder

faccia come se fosse a casa Sua = tun Sie, als ob Sie zu Hause wären!

Wenn im Restaurant gegessen wird, was auch häufig vorkommt, bezahlt gewöhnlich einer für alle; es ist in der Tat selten, daß lauter getrennte kleine Rechnungen aufgemacht werden. Unter guten Freunden gibt es jedoch die Formel

facciamo alla romana = Machen wir es auf römische Art, was bedeutet, daß jeder für sich bezahlt.

Was das Essen zu Hause oder im Restaurant betrifft, so können Sie sich einen Ausdruck merken, der auch in die Umgangssprache aufgenommen worden ist. Der Ehemann sagt z. B. zu seiner besseren Hälfte:

»Si, come sai, oggi resto fuori a colazione, ci vediamo più tardi!« = ». . . ja, wie du weißt, bleibe ich heute in der Stadt zum Essen, wir sehen uns später«, oder die Hausfrau fragt ihren Mann, wenn er im Begriff ist auszugehen:

resti fuori oggi = »ißt du heute in der Stadt?« Die Bedeutung

della tavola = der Tafel bzw. des Essens: (Hier heißt es

tavola und nicht *tavolo, la tavola* ist

il tavolo, an dem man ißt – *il tavolo* ist irgendein Tisch, an dem man schreibt, arbeitet oder sonst etwas vollbringt, wohl auch einmal essen kann.) Nun, diese Bedeutung der Tafel oder des Essens, auf die wir später noch einmal zurückkommen werden, hat eine ganze Reihe von Ausdrücken und Redensarten entstehen lassen und mit sich gebracht.

Wenn man mit ein paar netten Freunden zusammen ist, wenn eine fröhliche

tavolata = Tischgesellschaft zustande gekommen ist, macht man *»bisboccia«* – ein durch seinen Klang schon deutliches Wort, was das fidele Tafeln, das

»far onore alla tavola« = dem Essen Ehre machen bezeichnen will. »Mein Lieber«, wird man am nächsten Tag erzählen,

»abbiamo fatto una mangiata = da haben wir aber eine Esserei gehabt (gemacht)«, wobei noch einmal in der Erinnerung die kulinarischen Genüsse des Vortages ausgekostet werden. Geben Sie acht, wenn Sie das Wort gebrauchen, daß Sie wirklich *mangiata* sagen und nicht etwa

mangeria, denn dieser Ausdruck des modernen Straßen-Italienisch bedeutet etwas ganz anderes, was wohl auch mit dem Essen zu tun hat, aber in übertragenem Sinn, denn gemeint ist eine Unterschlagung, bei der ja das Geld von anderen »aufgegessen« wird. In der Soldatensprache pflegt man für einen,

che mangia a più non posso = der ißt, bis er nicht mehr kann, zu sagen:

abbuffarsi = sich vollfressen. Ebenso sagt man für einen, der bei Tisch mehr als Ehre einlegt

è una forchetta formidabile = wörtlich: »das ist eine tolle Gabel«, oder im Jargon

ma che spazzola! = was für eine Bürste!, weil er seinen Teller so schnell rein fegt.

Mangiare a quattro ganascie heißt mit vier Kinnbacken, also für zwei essen,

mangiare a crepapelle heißt »essen, bis man platzt«. In übertragenem Sinn gibt es auch

papparsi qualcosa, d. h. den Brei, die *pappa* essen, was aber die Bedeutung von »sich etwas nehmen« hat;

se l'è pappata lui = das hat er sich genommen.

Was die Mahlzeiten,

i pasti, betrifft – sagen Sie aber nicht »paste«! –, so gibt es solche und solche:

un pasto frugale oder *un lauto pasto;* das erste wäre eine einfache Mahlzeit, von der zweiten, die man eine üppige Mahlzeit nennen würde, reicht die Skala der Nuancen bis zu

un pranzo con i fiocchi = wörtlich: »ein Essen mit Flocken«, also ein Essen mit allen Schikanen. Da sind wir mit dem Wort *pasto* in einen

bel pasticcio geraten;

pasticcio ist eigentlich ein Nudelauflauf;

essere in un pasticcio heißt aber nun nicht, daß wir drinstecken in der Schüssel, sondern daß wir uns in einer schwierigen Situation befinden, so auch

mi ha messo in un bel pasticcio = er hat mich in eine schwierige Situation gebracht, oder

ha combinato un vero pasticcio = da hat er aber was Schönes angerichtet –; und zwar deshalb, sehen Sie:

il pasto (Sing.), *i pasti* (Plur.) = die Mahlzeit(en),

la pasta (Sing.) heißt ursprünglich Teig und dann natürlich Teigwaren (= *la pasta asciutta*). Aber Sie werden auch hören:

una pasta d'uomo, und das ist kein Lebkuchenmann, sondern ein sehr guter Kerl, eigentlich »ein Teig von einem Mensch« – man kann sich's vorstellen, nicht wahr?

La pasta oder auch *il pasticino,* mit dem Plural *le paste,* ist aber auch noch etwas anderes, nämlich die kleinen Törtchen oder

petit-fours, die in den Bars oder in der

pasticceria = Konditorei in großer Vielfalt ausliegen, eines köstlicher als das andere; es ist übrigens eine vielgeübte und freundliche Sitte, daß man, wenn man bei Freunden zum Essen im Familienkreis eingeladen ist, statt Blumen eine nicht zu knappe Auswahl dieser leckeren *paste* als Geschenk mitbringt (doch man braucht die Blumen deshalb nicht wegzulassen). Im Singular gibt es wieder

la pastina (in brodo) = Teigwaren, die man als Suppeneinlage in der

Fleischbrühe kocht. A propos *pasta* –, wer kennt nicht die Spaghetti; nun, wenn Sie einmal Lust haben

di fare sfoggio = Staat zu machen mit Ihren neuen Kenntnissen der Umgangssprache, können Sie z. B. sagen: *»Ieri sera, andando in macchina con quel pazzo di Mario, confesso di aver avuto un po' di spaghetto«*, womit Sie ausgedrückt haben, daß Sie ein bißchen Angst hatten, als Sie mit dem verrückten Kerl von Mario im Auto fuhren.

Wenn Sie die Ähnlichkeit oder Gleichheit von zwei Dingen mit einem Bild aus der Küchenwelt ausdrücken wollen, dann sagen Sie:

se non è zuppa, è pan bagnato = wenn es nicht Suppe ist, ist es eingeweichtes Brot, und das ist in Italien ein und dasselbe; aber

una bella zuppa heißt nicht, daß eine gewisse Suppe schön sei, sondern es ist der Ausdruck für die Langeweile, die man empfindet, bei einer öden, schwerfälligen Unterhaltung oder Ansprache oder was es sonst sei. Und von der Suppe kommen wir zum

brodo, zur Bouillon.

Tutto fa brodo heißt, alles kann nützlich sein, aus allem läßt sich etwas machen, aber

andare in brodo di giuggiole, ebenso wie das jetzt weniger gebräuchliche

andare in solluchero, bedeutet: vor Wonne zerfließen, vor Freude außer sich geraten.

Besser ergeht es dem Reis – was die Sprichwörter anbelangt:

Il riso fa buon sangue bedeutet zwar eigentlich »Lachen ist gesund«, aber natürlich kann es auch heißen: »Der Reis macht gutes Blut«, und so hat man es als Werbeschlager für die Reiskampagne verwendet. Außerdem wird von dieser kalorienarmen und leichtverdaulichen Speise behauptet – den Abstinenzlern zum Trotz –,

il riso nasce nell'acqua e muore nel vino = der Reis wird im Wasser geboren und stirbt im Wein; darum geben Sie also acht und trinken Sie zu einem

risotto kein Wasser, schon aus Achtung vor den Sprichwörtern nicht, die, wie Sie wissen, immer recht haben und ein Ausdruck der Weisheit sind. Wählen Sie einen passenden Wein – und es wird Ihnen besser schmecken. Jedes Essen, das eins sein will, muß eine Reihenfolge bei den Gerichten und natürlich auch bei den Weinen beachten, denn sonst – *salta fuori un bel risotto* . . . Verstehen Sie mich recht, nicht etwa, daß Sie, wenn Sie dies und jenes durcheinander essen und trinken, obwohl kein Körnchen Reis dabei ist, sich das Ganze vermittels einer seltsamen Alchimie in Reis verwandelte, nein, es soll einfach bedeuten, daß »ein schönes Durcheinander« dabei herauskommt! Denn in einem Risotto werden die Reiskörner ja wirklich auch recht schön durcheinandergewirbelt.

Wenn in einem Kreis von Freunden einer, nachdem andere lustige, witzige Geschichten erzählt haben,

con fare saputello = mit wichtigtuerischer Miene eine erzählt, die ziemlich witzlos ist, dann können Sie ausrufen:

»ma questa è senza sugo!«, und das bedeutet, daß diese Geschichte etwas Dummes, Abgeschmacktes, Geistloses, Sinnloses gewesen sei: so hoch also wird die Bedeutung des *sugo* und des *condimento* in der Küche eingeschätzt. *Sugo* und *condimento* sind in deutschen Begriffen eigentlich nicht wiederzugeben; das erstere ist zwar Sauce, hat aber mit den deutschen »Soßen« nichts zu tun, denn es ist eben ein *condimento*, das die trockenen »Rohstoffe«, wie Reis, Nudeln, abgekochtes Gemüse oder Salatblätter, in ein Gericht verwandelt. Indem wir davon sprechen, meine ich schon das angenehme Geräusch des

tegamino = Tiegels zu hören, der leise und würdevoll vor sich hin kocht und dessen Inhalt einen Duft verbreitet,

che fa venire l'acquolina in bocca = der das Wasser im Munde zusammenlaufen läßt. Man denkt an köstliche

intingoli = Delikatessen oder

manicaretti = Leckerbissen oder

salse squisite = delikate Saucen, doch leider wird für den Augenblick nichts bleiben als eine Fata Morgana von Gerüchen, die unserer Begierde die Würze verleiht; doch wir?

Restiamo a bocca asciutta = wörtlich: wir bleiben mit trockenem Mund zurück, d. h. wir haben das Nachsehen.

Hören Sie nun, wie Ihnen die »Küchensprache« Hilfe bietet, um einem, der Sie ärgert, wie ich es jetzt mit meinen boshaften Beschreibungen von guten Sachen tue, oder der Sie stört, während Sie ruhig spazierengehen und

soli soletti = ganz allein sein möchten, die Meinung zu sagen: *»vada a farsi friggere!«*

Vai a farti friggere kann man zu jedem

scocciatore = Störenfried sagen, was im Grunde, auf freundlichere und manchmal scherzhafte Art gesagt, nichts anderes bedeutet als »Geh zur Hölle!«, denn dort soll man ja geröstet werden, womöglich

a fuoco lento = bei langsamem Feuer!

Cose fritte e rifritte sind einmal gesagte und immer wiederholte Dinge, die deshalb schon bekannt und langweilig geworden sind. Auch wenn Sie viel Hunger haben, dürfen Sie nie

rimangiare la parola – es sieht nicht gut aus, man tut dergleichen nicht, denn dann wären Sie ja jemand *da non prendere sul serio.*

Rimangiarsi la parola wäre wörtlich, das Wort wieder aufessen, und bedeutet: etwas Gesagtes wieder zurücknehmen.

Prendere sul serio = ernst nehmen.

Quello è una pappa molle, è fatto di pasta frolla –, Sie können sich schon denken, daß das sicher kein sehr kräftiger und starker Kerl ist, also kein

tipo in gamba. In der Tat bezeichnet man damit einen Menschen ohne festen Charakter, ein »Waschlappen« würde man auf deutsch sagen. So einen kann man natürlich leicht kochen –: Oh, haben Sie nur keine Furcht, denn auch in Italien gibt es keinerlei kannibalische Bräuche; trotzdem aber kann man jemanden kochen; indessen, das geheimnisvolle und nicht sehr vielversprechende

quello me lo cucino io (cucinarsi qualcuno) = wörtlich: »Den werde ich mir kochen« bedeutet nichts anderes als »den werde ich mir mal vorknöpfen« oder »den werde ich mal ins Gebet nehmen«.

Beinahe haben wir nun, nach all dieser Braterei und Kocherei,

stuzzicato l'appetito = den Appetit angeregt, eigentlich gereizt, und ich frage mich, was ich Ihnen anbieten könnte,

per ingannare l'appetito = wörtlich: um den Appetit zu betrügen, was schon deutlich genug ist, oder

tanto per mettere qualcosa sullo stomaco = »nur um etwas auf den Magen zu legen« –, also, um den gröbsten Hunger zu stillen:

rane fritte oder einen *Pollo alla diavola?* Die ersteren, die gebratenen Frösche, sind leicht und für diesen Zweck geeignet, doch wir müßten schon in Pavia sein, um sie fertig zubereitet vorzufinden. Ein »Hähnchen auf Teufelsart«, wie die deutsche Übersetzung lauten würde –, ich denke hierbei an eine köstliche Spezialität eines Ausflugslokals bei Udine, »Alla Vedova« –, wäre

di prima mattina = früh am Morgen doch wohl ein bißchen schwer und könnte leicht

ingombrarvi lo stomaco = schwer auf dem Magen liegen, was immer noch besser ist als

stare sullo stomaco; vor allem, wenn es von einem gesagt wird, der einem lieb ist, denn *stare sullo stomaco* heißt, jemandem lästig zu sein, auf die Nerven zu fallen.

Hören Sie jetzt die Wunder des

formaggio grana, des Reibe- oder Parmesankäses, der, abgesehen davon, daß er ausgezeichnet zu vielen Speisen paßt, wie zu den berühmten Makkaroni, zum Risotto, zum Ei, das in der

zuppa alla pavese schwimmt, sich auch verwandeln und uns überraschen kann. In einem Laden frage ich also:

vorrei del grana = ich möchte ein schönes Stück (natürlich ist hier der Käse gemeint); dort treffe ich einen Freund, der zu mir sagt:

»oh mio caro, sapessi che grana mi è capitata, anzi, tutta una serie di grane antipatiche, sono proprio in un mare di guai, altro che seccature!« – woraus wir sehen, daß

grana auch Unannehmlichkeit, Ärger, Schwierigkeit heißen kann. Kaum habe ich den Laden verlassen, da begegne ich wieder einem Freund, einem, der immer genaue und treffende Ausdrücke anwendet, jedenfalls für den, der sie versteht; Ausdrücke der Umgangssprache nämlich. Er fragt mich

a bruciapelo = ganz unvermittelt: *»Hai della grana, potresti imprestarmi qualcosa?«* –; zuerst dachte ich bei mir, daß ihm der Käse für sein Lieblingsgericht ausgegangen sei und daß er geraten hätte, (er errät immer alles!) daß ich gerade ein schönes Stück davon gekauft hatte; das indessen stimmt wiederum nicht, denn er hat nie *grana* und fragt immer bei den anderen danach – denn hier heißt *grana* Geld!

E debbo proprio dire, che come si vede capitano tutte a me e che una grana tira l'altra! = Wie man sieht, stößt mir heute auch alles zu, und ein Unglück zieht das andere nach.

Da wir schon von den

quattrini = Geld (»Moneten«) sprechen, wollte ich Ihnen hier gleich noch eine Art verraten, Geld zu erwähnen, ohne es direkt so zu nennen: *»Non andare in quel locale perchè lí ti pelano«.*

quelli ti pelano heißt: sie holen dir das Geld aus den Taschen, wie man einem Hahn die Federn rupft.

Pelare bei Sachen oder z. B. Gaststätten, die sehr teuer sind, wo die Rechnung

salatissimo = sehr gesalzen ist! Doch es gibt auch Leute, *gente, che si mangia tutti i soldi* –, die ihr Geld aufessen, die ihr Geld vergeuden, d. h. es schlecht ausgeben, vielleicht auch gut, indessen maßlos, und dann sagt man:

egli spende e spande = er wirft mit dem Geld um sich.

Wir denken aber immer noch an den Herd, an die

appetitose pietanze = appetitlichen Speisen

bocconcini da re = Königshappen

ghiottonerie = Leckereien;

piatti ghiotti = leckere Teller bzw. Gerichte –, nicht daß die Teller selbst es wären, sie werden mit Derartigem gefüllt oder sind den Leckermäulern angenehm. Dazu noch:

pasti succulenti = saftige oder erlesene Mahlzeiten.

Dabei dürfen wir nicht vergessen, daß es auch manchmal notwendig ist,

di mangiare in bianco, d. h. alles nur weiß zu essen, nämlich *pasta* und *riso* ohne den roten *sugo,* nur mit Butter, gekochtes helles Fleisch (Kalb oder Huhn), gekochten Fisch usw.

Mangiare di magro bedeutet praktisch das gleiche, wobei mehr auf Fettlosigkeit Wert gelegt wird.

Essere in dieta oder *dover osservare una dieta* heißt: Diät leben müssen; all das sind mehr oder weniger traurige Umstände, die Kehrseite jener Medaille, die das Lob der guten Küche singt. Wenn es sein muß, ist man gezwungen,

di mangiare solo un boccone = nur einen Bissen zu essen, mit Maßen, vorsichtig und ohne Begeisterung; dann wird man mit Sehnsucht sogar an den

riso scotto, den zu lang gekochten Reis denken, von dem man einmal gesagt hatte,

questo riso sembra colla, dieser Reis ist wie Leim,

non sapete che lo voglio al dente! Wißt ihr nicht, daß ich ihn

al dente will, also so, daß ich ihn mit den Zähnen spüre – oder an die

minestra che non sapeva di niente = die Suppe, die nach nichts schmeckte, wobei

sapere = wissen hier schmecken bedeutet, und die an

la sbobba = Soldatenkost der Kaserne von vor zwanzig Jahren (oder mehr) erinnerte. Dazu noch:

sciapa = schal, fade, geschmacklos
insipida = desgleichen, auch
sciocca, was eigentlich dumm, albern bedeutet, aber auch fade, d. h. ohne Salz und die richtigen Gewürze, die der Suppe den Geschmack geben, die sie haben muß.
Da wir eben bei dem Geschmack sind, Geschmack = *gusto – ci sono gusti e gusti* = die Geschmäcker sind verschieden –, wollen wir erwähnen, daß der Salat,
l'insalata, in Italien nicht
preparata = zubereitet wird, sondern *condita.*
condire l'insalata = Salat anrichten.
è ancora senza condimento! è già condita, d. h. schon mit Salz, ein wenig Essig oder Zitrone und Öl gemischt, aber auf jeden Fall ohne Zucker! Man darf auch nicht vergessen, daß das Wort
insalata von
sale = Salz herkommt, also »mit Salz behandelt, eingesalzen« bedeutet.
Für diejenigen, die Süßes lieben, hier schließlich noch ein paar Merkwürdigkeiten: was wird wohl
lattemiele heißen? Etwa Honigmilch? Nein, so sagt man in der Lombardei für
la panna montata = Schlagsahne.
Iris ist eine Blume; wer kann sich also denken, weshalb ich sie hier, bei dem Eßbaren, erwähne? Aber das ist ganz klar; *iris* ist wohl eine Blume, eine schöne Blume, aber auch etwas Gutes zum Essen, doch muß man, um es erproben zu können, in Sizilien sein. Es handelt sich um eine Art dicken
supplì, einen in Öl gebackenen Kloß aus
ricotta, das ist Quark von Ziegenmilch, Zitronat usw., der darum auch ziemlich süß und nahrhaft ist; bald werden Sie herausgefunden haben, in welchen Lokalen es ihn gibt.
Le fave dei morti – welch ein merkwürdiger Name! – müßten wörtlich übersetzt heißen »die Bohnen der Toten«, – aber keine Angst, denn sie sind eine
pasta per i denti = ein Teig für die Zähne der Leckermäuler; seinen Ursprung findet der Name in uralten Gebräuchen; am

giorno dei morti = Allerseelen schenkte man sich gegenseitig diese Süßigkeiten aus Marzipan im Auftrag der Toten, die sie hätten geben wollen. Wie man sieht, ein freundlicher, sogar »süßer« Gedanke aus der jenseitigen Welt.

Babà – das klingt sehr nach der Welt des Orients, nach Tausendundeiner Nacht, aber was hat der berühmte Babà hier zu suchen? Wir sind gewissenhaft und haben ihn gerade an den richtigen Platz gestellt – es ist nämlich nichts anderes als eine mit Rum getränkte Art von Biskuit.

La pasta reale, Marzipan, ist wirklich ein »königlicher Teig«, auch wenn sie ein bißchen schwer ist; man soll sie also auch mit Maßen essen. Aus diesem Teig macht man in Sizilien Süßigkeiten, die genaue Nachbildungen aller Früchte sind, die man sich nur denken kann. Doch nach so vielen Süßigkeiten müssen wir doch einen Sprung zurück machen.

La tartina wird meist in der Mehrzahl gebraucht, also

le tartine –, sie sind ja klein, und eine zieht die andere nach. Es sind kleine Schnittchen aus Weißbrot, die zum Entzücken der Eingeladenen auf die verschiedensten Arten zubereitet und bei

ricevimenti = Empfängen

rinfreschi = Erfrischungen in der Art von Cocktailpartys angeboten werden. Mit der

torta (Torte) haben sie nur im Klang etwas zu tun.

Giardiniera – ich sage es gleich, denn erraten kann man es nicht – sind in Essig eingemachte Gemüse, z. B.

peperoncini, kleine Paprikaschoten,

carciofini, Artischocken, usw., die als

antipasto, als Vorgericht, serviert werden. Man sagt jedoch

giardiniera, öfter noch *giardinetta* auch für einen Autotyp, eine Art Kombi mit dem hinteren Teil der Karosserie aus Holz, wie sie in Amerika die Farmer benutzen.

Und jetzt machen wir endlich einen Rundgang durch die Stadt. Wir wollen sehen, in welchen Lokalen man zum Essen bleiben und gemütlich sitzen könnte und in welchen man hingegen rasch etwas für die Eiligen bekommen kann; ein richtiges Mittagessen oder *uno spuntino,* eine kleine Stärkung. Von den Restaurants wäre nur zu sagen, daß sie sich häufig unter Namen dieser Art verbergen: »da Otello«, »da Adele« oder bei diesem oder jenem. Daneben sind auch die verschiedensten

trattorie sehr verbreitet, *trattoria toscana, trattoria veneta* u. a.; sie sind oft, aber nicht immer, bescheidener als ein Restaurant, doch man ißt dort auch sehr gut, manchmal, wenn sie gerade in Mode sind, sogar ausgezeichnet, aber dann sind sie auch recht kostspielig.

Rosticceria und *Friggitoria,* in Sizilien *Tavola calda,* sind etwa vergleichbar den deutschen Imbißstuben, doch statt Würstchen und Schaschlik gibt es dort alle möglichen in Öl gebackenen Leckerbissen. In der

Pizzeria gibt es natürlich hauptsächlich *pizze* in den verschiedensten Arten.

In Sizilien findet man bei der *tavola calda* die vorhin erwähnte *iris,* und man kann dort auch die

arancini kosten – sind das kleine gebratene Orangen? Aber was für ein merkwürdiger Geschmack! Doch nein, es sind

supplì di riso, in Öl gebackene Reisbälle. In den römischen Rosticcerien kann man dagegen nach

calzoni fragen hören, und auch hier würde man zuerst einmal meinen, was es doch für seltsame Dinge gebe, denn was, zum Teufel, haben Kleidungsstücke da zu suchen, wo man essen will? – Und doch, diese eßbaren Hosen (= calzoni) sind eine mit

mozzarella, einer Käseart gefüllte

pizza oder *frittata.* Und noch eine Merkwürdigkeit bei den

cibarie (Speisen):

il guanciale, für gewöhnlich ein Kopfkissen, auf dem man schön träumen kann, hier dagegen etwas zum Essen aus

pancetta = Dörrfleisch oder durchwachsenem Speck.

Und weil wir nun schon dabei sind, seltsame Dinge und Leckerbissen aufzuzählen, sei hier etwas anderes als Dessert gereicht: *un pezzo duro.* Auf deutsch wäre das »ein hartes Stück«. Das jedoch bleibt es nicht lange, denn es kann sich sanft im Munde auflösen – es handelt sich um eine Eisportion, die zubereitet ist wie ein Tortenstück, indessen hartgefroren. Dem aber, der es vorzieht, mit dem Käse – im Italienischen bezeichnenderweise im Plural

»i formaggi« – zu schließen oder immerhin etwas dabei zu verweilen, nach einer schönen

scorpacciata = Esserei von allen den zuvor genannten guten Sachen, möchte ich, zum freundlichen Gebrauch, ein italienisches Sprichwort mitteilen:

Al contadino non devi mai far sapere,
quanto è buono il formaggio con le pere!

Den Bauern darfst du nie wissen lassen,
wie gut der Käse mit den Birnen schmeckt!

Den Kommentar überlasse ich einem anderen Sprichwort:

»a buon intenditor poche parole!« »Ein Wort ist genug für den, der 's merken mag.« Ehe Sie sich zu Tisch setzten, nach einem langen Spaziergang oder Rundgang durch die Straßen der Stadt, die Sie

da cima a fondo (wörtlich: von einem Ende zum anderen) auskundschaften wollten, könnten Sie, wer weiß, sogar

una fame da lupi = einen Wolfs- oder Bärenhunger gehabt haben, wofür man auch sagen kann

non vedercela più dalla fame = nicht mehr sehen können vor Hunger. Doch davon kann ja jetzt wirklich nicht mehr die Rede sein! Ich möchte hingegen noch zwei Sätze näher untersuchen:

quello è un tipo ben nutrito und

nella piazza stava arrivando una nutrita schiera di turisti stranieri;

nutrito heißt wohlgenährt, doch geben Sie acht: Im zweiten Satz bezieht sich das nicht auf den Körperumfang der einzelnen Touristen, sondern auf die Schar, die damit als recht zahlreich definiert wird – im übertragenen Sinn also.

Wenn es sehr heiß ist, nach oder bei Ihrem

peregrinare = (wörtlich: pilgern, wandern) durch die Stadt, oder *gironzolare* = Bummeln, Umhergehen am Strand, wird Sie niemand daran hindern,
di prendere qualcosa di fresco = etwas Kühles zu trinken, passen Sie aber auf, daß das Wort
rinfrescante auch die Bedeutung hat von
lassativo, also eine *purga*, ein Abführmittel sein kann.

So, wie man sagt
»tutti i salmi finiscono in gloria« = alle Psalmen enden auf Gloria, so ist jede Gelegenheit recht, um ein Essen zu veranstalten. In Italien wird recht oft zu Hause zum Mittag- oder Abendessen eingeladen, der Gast ist willkommen, aber er darf sich nicht der Pflicht entziehen, dem, was ihm angeboten wird, Ehre angedeihen zu lassen; geduldig muß er dem Drängen des Gastgebers nachgeben. Je bescheidener die Verhältnisse der Familie sind, die ihn eingeladen hat, um so wichtiger ist es, daß man schätzt, was für einen zubereitet worden ist. Der Gastgeber wird das Essen meistens wirklich festlich gestalten; er wird weit mehr Gerichte anbieten, als gewöhnlich üblich, und ausgesuchte Speisen. Weder das Vorgericht noch ein guter Wein, eine Süßspeise als Nachtisch oder ein
vin santo = Süßwein zum Abschluß wird fehlen, und er wäre
mortificato = gekränkt, wenn Sie ihm nicht zu verstehen geben würden, wie sehr Sie genossen haben, was für Sie zubereitet wurde.
Heutzutage aber wird mehr als früher ins Restaurant eingeladen:
la servitù, la domestica = Personal, Dienstmädchen sind auch in Italien zu einem Problem geworden, und so geht man mit Rücksicht auf die Dame des Hauses in ein Restaurant essen,
si resta fuori, und verwöhnt dort den Gast und den Freund. Es bleibt uns nichts anderes übrig, als diese Qualen zu ertragen. Sehr oft finden sich richtige
comitive zusammen, ganze Gruppen von Freunden, und dann bilden sich

le tavolate, mit großem Geschrei und Gerede, alle sprechen möglichst auf einmal, und man fragt sich, wie sie es fertigbringen, sich zu verstehen. Es äußert sich viel Fröhlichkeit bei

gran mangiate e gran bevute = großen Eß- und Trinkgelagen.

Beim Gedanken an das köstlichste Wasser Italiens, das römische, an seine kühlen, sprudelnden Brunnen, kommt es mir in den Sinn, daß es auch

acqua cheta gibt, das ruhig und geräuschlos dahinfließt. Wenn man den Ausdruck auf eine Person bezieht, dann bedeutet es, daß diese ihr eigentliches Wesen verbirgt: »Stille Wasser sind tief«; ebenso wird für diese Erscheinung aber auch der Begriff

gatta morta gebraucht.

Aber wir, die wir uns nicht zu den Abstinenzlern zählen, wollen vom Wasser, so rein und köstlich es auch sei, doch zum Wein zurückkehren. Der Wein ist es, der die Macht hat, eine herzliche Atmosphäre zu schaffen . . . heute ebenso wie früher. Der alte Hans Barth, der eine richtige Pilgerfahrt durch die italienischen Osterien unternommen hat und seine Beobachtungen vom Gardasee bis Neapel beschrieb und für dessen Buch D'Annunzio ein Vorwort geschrieben hat, obwohl dieser, der sich an allem berauschte, gerade von Weinen wenig verstand, würde heute vielleicht einiges verändert finden. Er würde sich zumindest wundern, daß

taverna, ursprünglich ein schöner Name für eine einfache Weinschenke, heute meistens gewisse Luxuslokale bezeichnet, die in Mode gekommen und recht teuer und exklusiv sind. Man pflegt zu sagen, daß sie zum Lokalkolorit gehören. Aber wir können dennoch dem guten weinbegeisterten Barth helfen und uns einen von den echten, ursprünglichen Plätzen aussuchen, wo man mit einem schönen, dickwandigen Glas Bacchus ehren kann. In Rom etwa, in dem alten Stadtteil der Giudecca, in der Via dei Coronari, gibt es auch noch echte Tavernen, einfache und wirklich volkstümliche, wo der Castelliwein, rein und unverfälscht, gut zu den

filetti di baccalà, in Öl gebackenen Stockfischfilets, paßt.

Gute, rechtschaffene

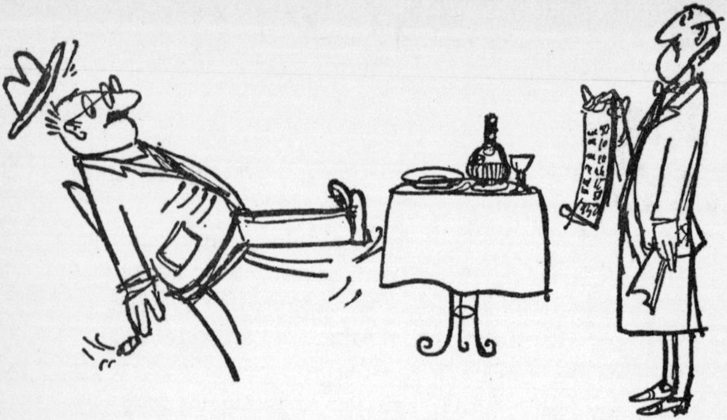

mescite = Weinschenken gibt es auch noch in manchem Winkel von Mailand; ich kenne da ein paar Stellen, wo es Flaschen von ehrwürdigem Alter gibt; aus reinem Egoismus verrate ich hier nichts Näheres (der Suchende wird zu finden verstehen). Auch in Palermo gibt es sie, wo man auf Fässern rund um einen roh gezimmerten Tisch zu sitzen pflegt, und wenn man nicht aufpaßt, dann kann es am Ende passieren, daß

»le gambe fanno giacomino« oder *»le gambe fanno giacomo giacomo«*, d. h. die Beine einen nicht mehr tragen wollen. Denn die sizilianischen Weine sind wie Feuer, sie gleiten sanft durch die Kehle, dann aber spürt man plötzlich, daß sie es in sich haben. Auf den Wein beziehen sich auch die ältesten italienischen Sprichwörter:

L'acqua fa male e il vino fa cantare – das Wasser ist schädlich und der Wein macht fröhlich (macht einen singen); um die Dinge beim rechten Namen zu nennen, sagt man

»dire pane al pane e vino al vino« (wörtlich: Brot zum Brot und Wein zum Wein sagen). Und noch eines:

il vino fa buon sangue – der Wein erfreut des Menschen Herz. In Italien wird fürwahr viel Wein getrunken, so, wie in Deutschland Bier das Volksgetränk darstellt. Im allgemeinen macht man dabei keine großen Unterschiede, *non si va per il sottile* (wörtlich: man geht nicht aufs Feine), Kenner aber gibt es in Italien auch, und ob, und ebenso dementsprechend ausgezeichnete Spitzenweine. Dazu einen kleinen Tip: Wenn Sie nicht gleich die erlesenen Weine bestellen und sie so nach und nach entdecken wollen, lassen Sie einmal alle

fiaschi und *fiaschetti* weg und lassen Sie sich einen

vino locale, einen am Ort gewachsenen Wein bringen (die

consorzi vinicoli entsprechen übrigens den Winzervereinen), d. h. in Arezzo einen Wein von den *Colli Aretini*, in Pavia einen *vino di Casteggio*, in Ligurien *i vini delle Cinque Ferre*, in Piemont *Barolo* oder *Barbaresco*, usw. Sie können diese Weine in jeder guten ländlichen Weinschenke finden. Sie sind rein und unverfälscht, man kann sie genießen, und sie werden niemals schaden, im Gegenteil.

Nach ausgiebigen oder zu ausgiebigen Trankopfern, nach einer tüchtigen Zecherei, nachdem man sich zu Bacchus geflüchtet hat, um Trost und Vergessenheit zu finden, da kann der

beone = Trinker schon ein bißchen

brillo sein, einen Schwips haben, oder

alticcio, angeheitert sein (von *alto*= hoch, denn durch den Alkohol ist die geistige Erregung auf einen Höhepunkt gestiegen). Wenn er eine

sbronza = Rausch hat, ist er

sbronzo = berauscht;

sbronzarsi = sich einen antrinken.

In der Sprache der *alpini* oder im venezianischen Dialekt sagt man

prendere una ciucca, wenn der gute Trinker des öfteren

un gotto di quel bon = ein Glas von jenem Guten gehoben hat. Die gleiche Bedeutung wie *sbronza* hat auch der Ausdruck

sbornia. Stärker im unangenehmen und üblen Sinn ist

ubriaco = betrunken oder sogar
ubriaco fradicio = sternhagelvoll.

In Italien gibt es trotz des Überflusses an Wein und obwohl man ihn häufig genießt, wenig wirklich Betrunkene; häufiger dagegen trinkt sich wohl jemand in der Gesellschaft von Freunden, im Dorf, in fröhlicher Runde, einen kleinen Rausch an. Nicht zu vergessen, daß man für

bere = trinken auch
trincare sagt, ein Wort mit offensichtlich deutschem Ursprung, was genußvolles und reichliches Trinken bezeichnet.
Tracannare aber ist ein eiliges, gieriges Trinken, ein Hinunterschütten durch die
canna della gola, die Speiseröhre.

Bekannt ist in Italien der Ausdruck
fare un brindisi, oder *brindare*, für: einen Toast ausbringen, jemandem zutrinken, und sowohl in Italien als auch in Deutschland

denken die meisten dabei an die Stadt Brindisi. Ganz wenige Italiener und ebenso wenige Deutsche wissen, daß

fare un brindisi hingegen einen rein deutschen Ursprung hat, nämlich von »bring dir's«, d. h. von »ich bringe es dir« herkommt – das Glas ist gemeint! Also, ich erhebe das Glas und trinke auf deine Gesundheit.

»Alla salute«, oder *»salute«* = zum Wohl! kann man zwar zuweilen hören, doch in Gesellschaft gehört es sich eigentlich nicht.

Bei einem *brindisi* unter Freunden ist es üblich, Verse oder eine kleine Rede zu improvisieren, oder, wenn einer geehrt werden soll, wird gern eine richtige Ansprache gehalten. Mit

spumante = Sekt oder *liquori* = Likör, Schnaps, Wermut kann man beim Anstoß sagen

»cin cin«, was eigentlich eine chinesische Höflichkeitsformel ist (ch'ing' ch'ing'), die nach 1906 durch die Operette »Die Geisha« bekannt wurde und auf lautmalerischem Wege seine jetzige Bedeutung erhielt, denn es klingt wie der Klang von zwei Gläsern beim Anstoßen.

Auch im übertragenen Sinn kann man »trinken«; manche »trinken« es, oder auch nicht, z. B.:

questo non la beve nessuno! = darauf fällt keiner rein!

Eppure lui l'ha bevuta! = er hat es doch geglaubt!

None me la dai a bere! = das glaubst du wohl selber nicht!

Den Ursprung dieser Redensart kann man sich vielleicht erklären, wenn man an den Versuch denkt, einem armen Opfer unter Vorspiegelung falscher Tatsachen ein Gift oder, harmloser, eine bittere Medizin einzuflößen. Wie dem auch sei, der Ausdruck ist jedenfalls geblieben als der Versuch, etwas Unwahres glauben machen zu wollen. Und irgend jemand

ci casca sempre = fällt immer darauf herein, oder *»la beve«*!

Schließen wir dieses Kapitel mit den Versen von Redi, der in seinem »Bacco in Toscana« um die Mitte des 17. Jahrhunderts sang:

»chi l'acqua beve
mai non riceve
grazie da me.«

»Nimmer erringt,

wer Wasser trinkt,
von mir sich eine Gnade!«
und mit einem immer guten Rat:
Riempi il bicchier ch'è vuoto
vuoto il bicchier ch'è pieno
non lo lasciar mai vuoto,
non lo lasciar mai pieno!

Fülle das leere Glas,
leere das volle Glas,
laß es niemals leer,
laß es niemals voll!
Keckheit der Jugend und Trost der reiferen Jahre!
Es heißt, daß der große Piemonteser Staatsmann, der Graf von Cavour, den Botschaftern des *Regno di Sardegna* (so nannte sich damals jener Teil Italiens, der aus Piemont, Ligurien und Sardinien bestand), die sich anschickten, ein neues Amt zu übernehmen, empfahl, nicht zu vergessen, ihrem Gepäck ein gutes

Dutzend Baroloflaschen hinzuzufügen. Daran erkennt man, daß dieser Staatsmann, der die Kunst der Politik beherrschte und der Italiens Einheit verwirklichte, auch etwas vom Wein verstanden hat, und daß er sich dessen bewußt war, wie sehr ein Botschafter sich bei einem offiziellen Essen mit gutem Wein die Sympathie seiner Tischgenossen zu gewinnen vermag.

5

DER TAGESLAUF DES RAGIONIER BRAMBILLA

Wer ist er denn, dieser Herr mit dem so klangvollen Namen?, werden Sie fragen. Er ist er, eben Brambilla, natürlich; wer kennt ihn nicht, er wohnt ja doch um die Ecke – indessen wohnt er um jede Ecke, denn es gibt ihn überall. Er ist der typische Vertreter einer ganzen Kategorie, der des Mittelstandes. Und natürlich ist er *ragioniere,* denn *ragioniere* sind sie alle, die in einem Büro sitzen, vom Buchhalter bis zum Aufsichtsratsvorsitzenden eines großen Unternehmens. Genauer gesagt ist es der Titel, der ein Diplom, etwa das einer höheren Handelsschule, zur Voraussetzung hat. Er ist zufrieden mit seiner Arbeit, dieser Brambilla, oder auch unzufrieden, unerfüllt in seinem Innersten (wenngleich nicht ständig), von der Eintönigkeit seines Lebens, das jenem eines Müller und Meier gleicht . . . Trotz alledem – im Grunde nimmt er alles nicht zu schwer; er weiß, daß es auch schlimmer sein könnte, und er weiß, daß es ab und an auch besser geht, und daß er das Notwendigste schließlich hat und auch noch etwas mehr.

Wo wohnt nun unser lieber, alter Freund Brambilla? Nicht im Zentrum und nicht am Stadtrand, nicht in einer Villa! Manchmal könnte es jedoch *un villino* = ein Einfamilienhaus sein, in einer von den fast vergessenen und halbversteckten Straßen in der rechten Entfernung zwischen der Piazza del Duomo und dem

Corso Sempione – wir sind in Mailand; wo sonst? Aber meistens wird er wohl in irgendeiner der vielen Straßen und Alleen wohnen, in irgendeinem

palazzo, in einem von den vielen . . . Ja wie denn, ein *palazzo*, da möchte man doch gleich an einen Palast, ein Palais denken? Es handelt sich aber ganz einfach um ein großes Mietshaus, das aber dennoch als *palazzo* bezeichnet wird. Vorher hatte er vielleicht eine bescheidenere Wohnung in einem

casamento, in einer Mietskaserne, *casamento* kommt von

casa = Haus.

case popolari sind etwa Siedlungen des sozialen Wohnungsbaues, *case dell'INCIS* (falls der gute Brambilla vielleicht zu der großen Schar der *statali*, der Staatsbeamten, gehört), INCIS = *Istituto Nazionale Case Impiegati Statali;*

una palazzina ist ein kleines Mehrfamilienhaus.

una villa entspricht etwa dem, was wir nördlich der Alpen als Villa bezeichnen, also ein Einfamilienhaus, wie es sich ein reicher Bürger vor sechzig Jahren erbaute. Heute dagegen ist man bescheidener und begnügt sich mit einer

villetta oder *villino;* so aber heißen auch die Ferien- und Wochenendhäuser am Strand oder in anderen Landschaften, soweit sie richtige Häuser darstellen.

Un grattacielo wäre ein Wolkenkratzer, meistens indessen entspricht er aber einem Hochhaus.

Die Stadt ist noch ins nächtliche Dunkel eingehüllt, trotzdem hören wir schon die ersten Straßenbahnen mit ihrem metallischen Lärm. Wir müssen uns also beeilen . . . Wir schlüpfen in den Eingang eines großen, ruhigen und würdevollen Mietshauses, steigen im Flug fünf Treppen hinauf und bleiben auf der vorletzten Etage stehen, vor einem kleinen Messingschild, auf dem mit deutlichen Buchstaben sein Name geschrieben steht: *Rag. Filippo Brambilla.* Oh ja – sein

quartierino lo ha proprio in alto = seine Wohnung ist wirklich weit oben, mit einem schönen Ausblick . . . Die

quartieri alti natürlich sind etwas anderes; die *quartieri alti* von Rom z. B. sind die eleganten Wohnviertel in Parioli: hochgelegene

Orte in mehrfachem Sinne, doch diese Bezeichnung gilt an sich in jeder Stadt für das elegante Wohnviertel . . . Ganz leise, ganz geräuschlos, sind wir in sein Zimmer eingedrungen, auf einer Seite schimmert durch

le persiane (die Perserinnen waren es wohl, die sich zuerst dahinter verborgen haben): also die Jalousien ein bißchen Licht. Aber da . . .

si sta alzando = er steht gerade auf,

ha il sonno leggero = er hat einen leichten Schlaf, er hat nicht einmal gewartet, daß der Wecker fertig läutet. Gewiß, es ist

una levataccia = ein schlechtes, unangenehmes Aufstehen,

svegliarsi di soprassalto = ganz plötzlich aufzuwachen,

in dormiveglia = im Halbschlaf den Wecker zu suchen und ihn ganz mechanisch abzustellen.

Und gestern abend – ah, jetzt fällt es ihm wieder ein – mit seinen Freunden

ha fatto le ore piccole ist es spät geworden (*le ore piccole* sind die kleinen Stunden nach Mitternacht), das war zuerst, und dann sollte er ja noch diese verflixten Eintragungen kontrollieren . . .

Una bella dormita = ein guter langer Schlaf wäre für ihn wie ein Urlaub – doch wenn er ihn haben kann, ist er schon vorbei! Und

le notti passate in bianco! (Eine *notte bianca* ist eine Nacht, in der man nicht geschlafen hat.)

Der *ragionier* Filippo ist ganz leise aufgestanden,

in punta di piedi = auf Zehenspitzen, um keinen Lärm zu machen, und noch

mezzo insonnolito = halb verschlafen geht er in die kleine Küche, öffnet *le imposte* . . . Oh, du liebe Zeit, was haben wir jetzt nur dahingesagt!

imposte nämlich sind nicht nur Fensterläden, sondern auch Steuern. Ganz unzuträglich, schon so früh daran zu denken. Es vergeht einem ja die Lust zu leben! (*imposte, tasse* = Steuern, *imponibile* = besteuerbar).

Buon giorno wollen wir ihm leise sagen (damit er nicht erschrickt, denn wir sehen ihn zwar, aber er kann uns natürlich nicht sehen), *buon giorno* oder *buon dì* (vor allem in Rom zu hören, vom lateinischen *dies,* was in *lunedì, martedì* usw. noch erhalten ist) heißt guten Tag und guten Morgen, *buon mattino* aber sagt man nicht.

La napoletana steht schon auf dem Feuer für den ersten Kaffee des Tages, er hat sie wieder in Gebrauch nehmen müssen, weil

la piccola espresso kaputtgegangen ist. Gerade gestern abend ... und so kehrt man zum Altgewohnten zurück, mit einer gewissen Zärtlichkeit, der guten Erinnerungen wegen, die daran hängen, so gut wie der Duft, das Aroma, das ihr entströmt und das einem wieder Lust gibt zu leben.

Und gestern abend,

per conciliare il sonno = um den Schlaf zu fördern, hatte er auch noch

scolato = geleert eine Flasche Aleatico; es war gerade noch ein Gläschen drin; wirklich:

mica male = nicht übel, er sieht sie jetzt leer in der Ecke auf dem Küchentisch stehen . . . Doch da erscheint seine

dolce metà, seine bessere Hälfte, *la signora Elvira,* in der Tür, und wie immer möchte sie ihn überreden, etwas zu essen:

come fai ad andartene così a stomaco digiuno? = Wie kannst du nur mit leerem Magen fortgehen?

Ma caro, non ti accorgi che ti rovini la salute? = Mein Lieber, denk' doch an deine Gesundheit! – Wie oft hat er schon diese liebevollen Ermahnungen gehört! Auf Wiedersehen, meine Liebe,

si è fatto tardi, debbo scappare! Es ist schon spät, ich muß fort! –

Benedetto uomo, hört er noch beim Davongehen,

se almeno mi desse retta e prendesse qualcosa . . . Oh dieser Mann, wenn er wenigstens auf mich hören und etwas essen wollte!

Ja, er sollte wohl schon frühstücken; wie eine Kantilene klingt es:

consumare la colazione = frühstücken,

consumare il matrimonio = die Ehe vollziehen,

consumare le scarpe = die Schuhe abnützen;

consumarsi = sich verbrauchen, sich verzehren; ein Tag nach dem andern geht so dahin . . .

Aber da ist die Stimme der

portinaia = Portiersfrau:
»sempre di prescia il ragioniere?« = Immer in Eile, Herr Ragioniere?
aver prescia, aver fretta = Eile haben (es pressiert),
esser di prescia = eilig sein (eine besonders in Mailand gebrauchte Redewendung).

Und wie, denkt er bei sich, während er die Tür seiner treuen *utilitaria* (von *utile* = nützlich, ursprünglich der Kleinwagen, wie der Topolino, Fiat 500 und 600; jetzt wird jeder Wagen bis 1100 ccm als solcher bezeichnet) schließt. Und schon fährt er – früher, vor ein paar Jahren, war er noch von der Straßenbahn abhängig mit ihrer ewigen Rüttelei, und immer voll, so denkt er – und dabei muß er auch schon vor dem ersten
semaforo = Ampel halten – der Tag hat rot angefangen (er teilt seine Tage ein in solche, die grün beginnen oder rot, wie heute, oder gelb. Hoffen wir, daß es nicht so weitergeht, er möchte alle möglichen
scongiuri = Beschwörungen machen und

toccar ferro = Eisen anfassen, aber jetzt hat er keine Zeit, und außerdem sitzt er nicht drin in einem Kasten aus Blech und Eisen? Solange es geht, geht es . . .!

Nachdem er den Wagen auf dem gewohnten Parkplatz gelassen hat, ist er schon in seiner kleinen Bar und erwartet seinen gewohnten *espresso*. Er spürt den Geschmack schon vorher auf der Zunge, und dann genießt er ihn wirklich . . . Ja, natürlich, auch Zigaretten muß er sich kaufen . . .

Fünf Minuten später ist er in dem kleinen Zimmer im zweiten Stock der Firma, wo er mit Gewissenhaftigkeit seit fast zwanzig Jahren arbeitet. Ein Blick auf die Zeitungsüberschriften – früher las er sie in der Straßenbahn – und dann weiter, die ersten

scartoffie = Aktenkram anschauen.

Um 12.30 Uhr fährt er den gleichen Weg in umgekehrter Richtung, nur manchmal, wenn er den Kollegen Bianchi nach Hause bringt, gibt es eine kleine Abweichung. Um 12.45 Uhr ist er an der Haustür, wenn die Ampeln und Verkehrspolizisten ihm wohlgesinnt waren, und begibt sich zum

ascensore = Aufzug, wenn der nicht gerade mal außer Betrieb ist. Vor seiner Tür wiederholt sich, seit Jahren, die gleiche Szene: Die Schlüssel suchen, den falschen in das Schlüsselloch stekken, ihn wieder herausziehen und dann, wenn er schließlich die Geduld verloren hat, auf den Klingelknopf drücken. Wer öffnet, ist Arianna, seine Arianna, die Lieblingstochter;

liceale = Oberschülerin,

»occhiglauca« = (Blauauge) wird sie von manchen genannt: groß und blond, sein Stolz und seine Schwäche. Ein kleiner Kuß mit einem tönenden *»ciao papà«* ist der Gruß, mit dem er von seiner großen Tochter empfangen wird, die ihn am Arm nimmt und durch den Korridor begleitet . . . Vom Eßzimmer her hört er das Brummen des Radios und die Stimmen von seiner Frau und die von Fausto.

»Sbrigati che siamo pronti« = mach schnell, wir sind bereit (bereit, zu Tisch zu gehen, natürlich).

»Meno male« = um so besser, denkt er bei sich und stürzt ins Bad. Wenigstens die Zeit, sich die Hände zu waschen, wird man ihm

ja lassen. Bei Tisch hat die *signora Elvira Belaria in Brambilla* (in Italien herrscht die Gepflogenheit, häufig in solchen offiziellen Schriftstücken, die eine verheiratete Frau betreffen, wie Eintragungen im Krankenhaus, Zeitungsberichte usw., den Mädchennamen mit aufzuzählen, wobei der Name des Gatten mit einem *in* angefügt wird) inzwischen die Suppe

scodellato geschöpft.

scodella = Suppenkelle,

scodellare = Suppe schöpfen. Sobald das Familienoberhaupt seinen Platz eingenommen hat, beginnt der Ritus des

desinare = die Hauptmahlzeit einnehmen, der zweimal am Tag, wenn alle zugegen sind, die Mitglieder der Familie vereint, manchmal auch noch einige dazu, Verwandte oder sonstige Gäste. Das Radio murmelt den Werbefunk, Nachrichten, Wetterbericht, und dazwischen sagt Fausto etwas, es zwitschert Arianna und es redet Elvira, lauter als die anderen, um sich Gehör zu verschaffen.

Il primo e il secondo, der erste und der zweite Gang – Gang heißt

portata, was von

portare = bringen kommt, aber wer bringt ihn noch heutzutage? Früher war es die tüchtige Hausgehilfin, die Carla, sie war so anhänglich und mochte alle so gern, bis sie den Kerl, den Tonio, noch lieber mochte, einen unternehmungslustigen Kalabresen,

che se l'è convogliata a giuste nozze = der sie schließlich heimführte. Nun ist die *mamma* die Bringerin – den Ragionier dagegen sehen wir in die Lektüre der Zeitung vertieft, versteckt hinter zwei dicken Brillengläsern. Gleichzeitig mit der Stimme seiner Frau ruft ihn das Telefon in die Wirklichkeit zurück, das so aufdringlich läutet: »Das ist für mich«, meint Fausto. »Nein, für mich«, entgegnet Arianna, ohne zu zögern, und ergreift

afferra auch schon den

ricevitore = Hörer. Er erfaßt *(afferra)* denn auch nur abgerissene Sätze: »Ja, ja, dann sehen wir uns also zur gewohnten Zeit, gut; mit der

Bice = Abkürzung von Beatrice . . . Ah, mit der *bici* meinst du;

bici ist die Abkürzung von
bicicletta = Fahrrad . . . Aber ja, natürlich;
fammi un colpo di telefono = ruf mich wieder an. Wir hören uns also später wieder: ciao.« Das Telefon,
squillo del telefono = das Klingeln des Telefons – der Ragionier. Brambilla hat seltsame Gedankenverbindungen –
squillo di tromba = Trompetenschall,
ragazza squillo = Callgirl! – Ah, Donnerwetter, ein anständiger Mensch wie er, der Ragionier Brambilla, denkt natürlich gar nicht an solche Sachen, nicht mal aus Versehen, aber, so möchte er sich vor sich selbst entschuldigen, in den Zeitungen und im Kino hört man immer wieder davon – basta, basta! »Hör mal, Filippo, was gibst du deinen Kindern für ein Beispiel mit diesem ewigen Zeitunglesen bei Tisch, du könntest mir wenigstens sagen, ob du das Kinoprogramm gesehen hast, du weißt doch, daß ich darauf warte, daß hier ins
rionale (das im Vergleich zu den großen Kinos im Zentrum billige Kino des Stadtviertels) der Film kommt, den wir schon so lange sehen wollten, du weißt schon, welchen ich meine, nicht wahr?«
Er faltet die Zeitung zusammen, brummt etwas zwischen den Zähnen,
butta giù un altro boccone = schlingt noch einen Bissen hinunter, heute
non è in vena = ist er nicht in Stimmung, er muß
controllarsi per non far storie = sich zusammennehmen, um keine Geschichte zu machen,
per non sfogarsi a casa = um nicht zu Hause seinem Ärger Luft zu machen. Er hat soviel um die Ohren, am liebsten möchte er schreien,
lasciatemi in pace = laßt mich in Frieden,
lasciatemi perdere = laßt mich aus dem Spiel! Ja, heute ist keine gute Luft im Büro, nicht alles
è andato per il giusto verso = ist so gegangen, wie es gehen sollte, es hatte
rogne = Ärgernisse und Unannehmlichkeiten gegeben, er ist ver-

ärgert, er weiß zwar, daß es nicht richtig ist, aber so ist es am Ende immer, daß er sich zu Hause Luft macht . . . aber in diesem Augenblick sieht er

il musetto das Gesichtchen seiner Arianna, die ihn mit fragender Miene anschaut und für die er eine besondere Schwäche hat, und schließlich lächelt er. Für dieses Mal also

non è uscito dai gangheri = ist er nicht aus der Haut gefahren oder

non si è inalberato = ist er nicht auf die Bäume gegangen,

non ha perso le staffe = hat er nicht die Steigbügel verloren.

In seinem Haus hat man, seit die Carla weggegangen ist, auf eine ständige Hilfe verzichtet, nur zweimal in der Woche kommt ein Mädchen auf ein paar Stunden für die groben Arbeiten, um das übrige kümmert sich Frau Elvira selbst; als Ersatz für

la domestica = das Hausmädchen hat sie

gli elettrodomestici = die elektrischen Haushaltsgeräte bekommen, die er zum Glück mit einem hohen Rabatt durch einen Kollegen von einer anderen Firma erwerben konnte;

una mano lava l'altra = eine Hand wäscht die andere. Wehe, wenn es diese Möglichkeiten nicht gäbe! Seine Frau denkt inzwischen an die Zeiten zurück, als die Kinder noch Kinder waren und als die gute Anna, das so besonders nette Kinder- und Hausmädchen, bei ihnen war. Aus Friuli (Friaul) war sie, wirklich ein Prachtmädel, und so tüchtig und anhänglich ihr und den Kindern gegenüber . . . Das waren noch Zeiten! Heutzutage muß man dagegen froh sein, wenn man überhaupt eine findet, und wenn man eine gefunden hat, muß man

tenersela cara e da conto = sie hüten wie einen Augapfel.

Jetzt ist die Reihe an Fausto, dem Sohn,

fa il primo anno di chimica = er studiert das erste Jahr Chemie; eben ist er gekommen, um zu sagen, daß er für morgen einen Ausflug vorhat, mit einer ganzen Gruppe von Studenten wollen sie auf Vespas und Lambrettas nach Pavia fahren, um Freunde von der dortigen Universität zu besuchen, wobei es auch organisatorische Fragen bei der

interfacoltà (entspricht dem Asta in Deutschland) zu besprechen gibt. Fausto erklärt seinem Vater dies und jenes, aber dieser hört es nur mit halbem Ohr. Er lächelt und sagt ja, dann bittet er ihn,

di abbassare la radio = das Radio leiser zu stellen. Denn wie kann man sich bei so viel Lärm verständigen, bei dieser ewigen Begleitung von Stimmen und Tönen? Wenn es nicht für sie, für seine Familie wäre, er hätte das Radio schon tausendmal zum Fenster hinausgeworfen; er liebt die Ruhe, für ihn ist das Radio dazu da, um abgestellt zu werden, wenn es läuft

(*accendere* oder *aprire la radio* = das Radio anstellen;

spegnere oder *chiudere la radio* = das Radio abstellen). Oder, aber nur in ganz seltenen Fällen, um Nachrichten zu hören bei den Wahlen oder bei besonderen Ereignissen der internationalen Politik, aber das kommt, wie gesagt, nicht oft vor. Sonst zieht der Ragionier Brambilla die Stille vor oder ein ruhiges Gespräch über vergangene Zeiten. Er schaut auf die Uhr und schaut auf seine rauchende und duftende Kaffeetasse, dann nimmt er einen Schluck und wirft einen dankbaren Blick auf seine Frau. Ah ja, fast hätte er es vergessen: »Wenn du willst, können wir uns morgen den Film ansehen, er läuft jetzt endlich hier bei uns.« Jetzt muß er gehen, und er fährt mit der Straßenbahn in sein Büro zurück, denn den Wagen holt heute der Mechaniker zur Inspektion. Er macht das lieber noch vor dem Wochenende, es könnte ja sein, daß man einen Ausflug machen möchte.

Er muß in der Straßenbahn stehen, zum Glück ist sie aber nicht allzu voll; so kann er sich die Sitzenden ansehen. Da ist einer,

che riesce a fare le parole incrociate = der es fertigbringt, Kreuzworträtsel zu lösen (es gibt sogar eine kleine Zeitung »La settimana enigmistica«, die von einer ganzen Schar von begeisterten Anhängern gekauft wird), und ab und zu mit schnellen Strichen die kleinen Quadrate ausfüllt; ein anderer, der nicht mehr ganz jung ist, und noch einer, lesen – »oh du liebe Zeit«, seufzt Brambilla –

giornali a fumetti = Comics (*fumetti* von *fumo* = Rauch, weil die abgebildeten Personengebilde wie kleine Rauchwolken vor sich haben, in denen die Worte stehen, die sie sagen). Die meisten sind mit nachdenklichen oder müden Augen über eine Tageszeitung gebeugt.

»Avanti, per favore, avanti che c'è posto!« »Bitte rücken Sie weiter vor, vorn ist noch Platz!« Diese monotone Aufforderung läßt ihn an sein so oft wiederholtes

tirare avanti denken (= weitermachen, sein Leben ohne besondere Ereignisse, ohne Enthusiasmus, leben, so gut es geht). Aber – immer gibt es diese Aber – bisher

ce l'ha sempre fatta = hat er es immer geschafft,

si è prodigato für sich und für die anderen

prodigarsi = sich aufzuopfern,

adoperarsi = sich verwenden,

far di tutto = alles, was möglich ist, zu tun;

(*sgobbare* = sich abrackern, *fare una sgobbata* = eine schwere Arbeit hinter sich bringen),

ha sgobbato = er hat sich abgerackert, und es ist ihm gelungen,

a cavarsela sempre e pulitamente = immer ordentlich, anständig davonzukommen. Er hat gearbeitet und an die Seinen gedacht, und

oggi come oggi, nun ist er auch jemand, er ist ein geachteter Mann, einer der Leiter der Firma, und oft wurde er den Jüngeren als Beispiel genannt. Kurzum, Gründe, so sehr unzufrieden zu sein, hätte er eigentlich nicht . . . Der Ragionier Brambilla steigt die Treppen seines Büros hinauf, antwortet auf den Gruß der *dattilografa* = Stenotypistin und schließt die Tür seines Zimmers hinter sich. Während er die Akte hervorholt, die ihm heute morgen soviel Kopfzerbrechen gemacht hat, sieht er im Geist seine Stenotypistin und Sekretärin noch einmal vor sich: Donnerwetter, eigentlich ist sie

un bel pezzo di figliola = ein hübsches Mädchen, wirklich, und es ist nun schon eine ganze Weile, daß er es weiß und doch nicht weiß. Sollte er vielleicht die Einförmigkeit seines Lebens einmal unterbrechen? Nein, *non deve prenderne nota* = er darf keine Notiz von ihr nehmen. Nicht übel, ja, aber er hat an andere Dinge zu denken – und böse Zungen haben alle;

soprappensiero = in Gedanken versunken vielleicht einen Augenblick mit den Gedanken abzuschweifen, wird ihm gestattet sein, aber mehr nicht; und außerdem hat er heute noch wichtige Entscheidungen zu treffen. Er möchte nicht, denn das liegt nicht in seinem Wesen, *guastarsi con qualcuno* = es mit jemandem verderben, aber dieses Mal wird es unvermeidlich sein. *Chi ha colpa* = wer die Schuld hat, muß zahlen, *è giocoforza* = es ist ein bitteres Muß, *altrimenti a rimetterci sarà lui* = sonst zieht er dabei den kürzeren, auch wenn er das Seinige getan hat, *lo ha fatto come si deve* = wie es sich gehört und mit Gewissenhaftigkeit.

Es ist nun 17 Uhr, *»anche questa è fatta«* = »auch das wäre getan«, seufzt er, aber mit einer gewissen Erleichterung. Es ging besser, als er gedacht hatte; der junge Kollege hat seinen Fehler eingesehen, er muß noch ein bißchen warten, *prima d'entrare in pianta stabile* = ehe er fest angestellt werden kann; (*essere, entrare in pianta stabile* = fest angestellt sein, werden; *lo stabile* ist dagegen das Haus). Oh ja, dieser junge Mann *ne aveva combinato una bella* = hatte etwas Schönes angerichtet, aber es hätte noch schlimmer sein können. Was kann einer nicht alles anrichten *(combinare)*, wenn er *non ha ancora la testa a posto* = noch nicht zur Vernunft gekommen ist!

Cosa stai combinando? = Was machst du denn da? *Cosa combini tutto il santo giorno?* = Was machst du nur den lieben langen Tag? Das waren Kehrreime aus der Zeit seiner Jugend – inzwischen hat er aber doch etwas – etwas Gutes –

combinato = fertiggebracht! Jetzt war alles wieder *a posto – (essere a posto* = in Ordnung, auch anständig, vernünftig sein; *mettere una cosa a posto* = ein Ding an seinen Platz stellen, auch etwas ganz machen, oder, in übertragenem Sinn, eine Angelegenheit in Ordnung bringen). Er hatte aber doch Lust zu sagen: *a posto un bel niente!* = das ist gar nicht in Ornung! *Adesso siamo a posto* auch im umgekehrten Sinn: jetzt sitzen wir aber schön in der Patsche! *Dio ce la mandi buona!* Hilf, Himmel! Gott sei uns gnädig!

Brambilla hat sein Büro um 18.30 Uhr verlassen und kehrt

a piedi = zu Fuß nach Hause zurück, er muß laufen, er braucht ein bißchen Luft und Bewegung und läßt sich *portare dalla folla* = von der Menge treiben, die dem Zentrum zustrebt, er betrachtet die Schaufenster, bleibt vor einem Juweliergeschäft stehen. »Ja, er ist noch da, der Ring« – wie oft hat er ihn schon angeschaut! In einem Monat gibt es ein Jubiläum zu feiern: Wie viele Jahre? Es ist der fünfundzwanzigste Hochzeitstag, da möchte er schon ein *regaluccio* = ein kleines Geschenk machen. Wenn wenigstens seine Beförderung mit den *arretrati* = Nachzahlungen bis dahin käme! Er weiß, daß

qualcosa bolle in pentola = etwas im Topf kocht, also etwas im Werden ist, daß *il titolare* = der Inhaber der Firma ihn dem *consiglio di amministrazione* = Verwaltungsrat vorgeschlagen hat für die Ernennung zum *consigliere delegato* = Mitglied des Vorstandes als Anerkennung für seine Tätigkeit und die so positiven Ergebnisse der Verhandlungen, die er für die Firma geführt hat. Er soll die Stelle bekommen, die nach dem Tod von X frei wurde – *mors tua vita mea* – wie gut er sein Latein noch kann. Ach, diese alten Römer hatten im Grunde recht, gerade so ist es: Einer hört auf, und der nächste rückt vor – so war es, und so wird es sein. Bis jetzt hat er immer

arrotondato lo stipendio = sein Gehalt aufgerundet mit kleinen Revisionsarbeiten, die ihm alte Freunde zugeschoben hatten. Er hat sogar etwas für eine Wirtschaftszeitschrift geschrieben, vielleicht kann er bald, wenn *quella cosa* = jene Sache Wirklichkeit wird, *farne a meno* = darauf verzichten.

Per l'ennesima volta = zum . . . zigsten Male hat er den Ring bewundert und seinen Phantastereien freien Lauf gelassen; jetzt dreht er sich ungewollt um: Freud sagt, denkt er, es ist das Unterbewußtsein, das uns leitet! und betrachtet eine auffällige Dame, die elegant vorüberrauscht und den Duft eines französischen Parfüms um sich verbreitet. Er schüttelt den Kopf, das ist nicht sein Typ, und während er sich wieder umdreht, *apre tanto d'occhi* = sperrt er die Augen auf, denn zwei Schritte von ihm entfernt steht seine Frau, Elvira, *in carne e ossa* = in Fleisch und Blut. Sie ist eben aus einem Delikatessengeschäft mit ein paar

Paketen am Arm herausgekommen. Er geht zu ihr hinüber und ein wenig weiter treffen wir sie zusammen in der Bar, während sie einen Aperitif schlürfen und sich unterhalten.

Um zwanzig Uhr ist die Familie Brambilla wieder versammelt *nel salottino contiguo alla stanza da pranzo* = im kleinen Wohnraum neben dem Eßzimmer. Bald wird man zu Tisch gehen, inzwischen ist das Fernsehen angestellt worden, und schon gibt es

un bisticcio = einen Streit (*bisticciarsi* = sich streiten); die einen wollen das erste Programm sehen und die anderen das zweite.

»*Piantala!*« = »Hör auf!« (*piantare, piantarla* oder *smetterla* = aufhören) hätte er Lust zu sagen, aber er ist noch still,

non c'è verso, non c'è niente da fare = da kann man nichts machen. Jeden Abend das gleiche!

fare dei versi = Verse, Gedichte machen, es kann aber auch heißen: Geräusche machen, Laute von sich geben.

fa dei versi strani con la bocca = er gibt seltsame Laute von sich mit dem Mund;

il verso imperterrito che continua a fare mi dà sui nervi = das fortdauernde Geräusch, das er macht, geht mir auf die Nerven;

bisogna prendere ognuno per il suo verso = man muß jeden von seiner Seite nehmen.

Arianna will das zweite Programm haben, um ein Theaterstück zu sehen – es ist eine Ausnahme, denn gewöhnlich geht sie ins *Piccolo Teatro*, sie hat sogar ein Abonnement und verpaßt kein Stück – aber Fausto,

per puro spirito di contraddizione = aus reinem Widerspruchsgeist,

s'impunta (impuntarsi = sich sträuben, sich versteifen) versteift sich und will auf keinen Fall der Schwester nachgeben

e darsi per vinto = und sich geschlagen geben von ihren guten Gründen und Bitten – er, der eigentlich auf alles pfeift –

se n'infischia (infischiarsi, impiparsi di tutto = auf etwas pfeifen, ganz gleichgültig sein). Und so muß Vater Brambilla

correre ai ripari = Abhilfe schaffen (aber

correre al riparo bedeutet dagegen Schutz, Deckung suchen) und

alzare la voce = seine Stimme erheben, laut schimpfen, Einhalt gebieten und *richiamare il figlio all'ordine* = den Sohn zur Ordnung rufen, ohne jemandem einen Vorzug zu geben. So hat, wohl oder übel, Arianna

partita vinta = gewonnenes Spiel gehabt, und Fausto hat sich in sein Zimmer zurückgezogen, um seine neueste Platte von Vivaldi auf dem

giradischi = Plattenspieler zu hören.

Sul video = auf dem Fernsehschirm erläutert

l'annunciatrice = die Ansagerin schon das Theaterstück, das unser Blauauge so in Aufregung versetzt hat. Man sieht auf dem Bildschirm das typisierte Gesicht, das sich bewegt, während der Mund Worte formt; alles erscheint so künstlich –

»Brambilla mio«, denkt er bei sich, *»Cosa ti toccherà ancora vedere«* = Mein guter Brambilla, was mußt du noch alles erleben!«

Es klingelt an der Tür. Wer kann das sein, um diese Zeit, wenn

i bravi cristiani = vernünftige Leute zu Tisch gehen? Irgendein *scocciatore* sicherlich!

scocciatore = Störenfried, Quälgeist

scocciare = stören, belästigen

non scocciarmi! = laß mich in Frieden!

scocciatura = lästige Arbeit, Ärger

seccare = stören, quälen

seccatore = lästiger Mensch

seccatura = lästige Sache

che seccante quel tipo! = was für ein lästiger Kerl!

Es ist aber nur die nette kleine Freundin und Kommilitonin von Fausto. Sie ist gekommen, ihn abzuholen, denn heute abend ist ein großes Fest bei gemeinsamen Freunden, um bestandene Examina und wer weiß was noch zu feiern. So gehen die beiden mit einem kurzen *ciao* fort, nachdem der Vivaldi fertig ist, dem sie in andächtiger Stille gelauscht haben, während sie nur leise ein paar Worte flüsterten und sich dabei in die Augen schauten. Mamma Brambilla brummt, daß man es wenigstens vorher sagen sollte, wenn man zum Abendessen nicht zu Hause ist.

Dove sono andate le buone maniere! Was sind das für Manieren!

Che maniere, che modi! Was für Manieren, was für eine Art! »Aber hör, Fausto«, sagt sie noch, »falls du Hunger hast, wenn du wiederkommst, schau auf den Küchentisch und in den

frigo (wird meist für

frigorifero = Kühlschrank gesagt, natürlich hat das nichts zu tun mit

friggere = braten!), da findest du sicher etwas, was dir schmeckt. Seid brav und kommt nicht zu spät, nicht wahr!« Er ist so ein guter Junge, der Fausto, aber

non si sbottona mai = immer verschlossen (*sbottonarsi* = sich öffnen), immer in seiner Welt. Oh diese Kinder, denkt Frau Elvira, so viele Opfer, so viele Sorgen, und dann – wer versteht sie noch, wer kann ihnen folgen? Aber beklagen will sie sich nicht, denn Freude und Befriedigung haben sie ihr wirklich gegeben, alle beide. Vor ihre Augen treten die Bilder von einem Fausto, als er noch ein Faustino war,

coccolato = verhätschelt,

vezzeggiato, viziato = verhätschelt, verwöhnt von ihr, von seinem Vater, von allen; dann war Arianna gekommen, und

tutti avevano cominciato a stravedere = alle waren vernarrt in dieses anmutige, schelmische kleine Wesen (*biricchina* = schelmisch), das zum neuen Zentrum des Familienlebens geworden war. Jetzt saß sie da und schaute mit ihren großen, ins Dunkel geöffneten Augen, das Stück eines ausländischen Dichters an, diese ihre »kleine Intellektuelle«.

La signora Brambilla hat sich zurückgezogen *a cambiarsi* –, um sich für das Kino umzuziehen. Er, Brambilla, überfliegt in einem Sessel in der Ecke des Wohnzimmers, fast zugedeckt von den Zeitungen, *gli articoli di fondo* – die Leitartikel; für die Politik und die Wirtschaft hat er sich schon immer interessiert. Dann liest er mit großem Genuß im Feuilleton, *poi leggiucchia con gusto la terza pagina* (die dritte Seite der italienischen Tageszeitungen entspricht dem Feuilleton in den deutschen Zeitungen; man kann dort literarische Beiträge von angesehenen Schriftstellern und von namhaften Journalisten Berichte aus aller Welt finden). Plötzlich unterbricht *una scampanellata,* ein heftiges Klingeln, Filippos Lektüre und läßt Elvira, die schon fertig angezogen ist, herbeieilen . . . *Arianna ha piantato la televisione ed è sgusciata nella sua stanza:* Arianna hat das Fernsehen stehenlassen und ist in ihr Zimmer geschlüpft, in das sie sich nun einschließt. Durch die geöffnete Wohnungstür kommt von der Treppe her ein großes *vociare,* Stimmengewirr, herein und dazu eine ganze Schar von Leuten, *chi alto, chi basso,* der eine groß, der andere klein, *chi panciuto,* der eine mit einem Bauch, *chi secco,* der andere hager, dürr, *allampanato,* durchscheinend (vor Magerkeit), *tarchiato,* vierschrötig, von gesetzter Gestalt, *mingherlino,* schmächtig, *chi con una zazzera,* einer mit einer Mähne, *chi con la pelata,* der andere mit Glatze,

chi con cappellini, chi senza, die einen mit Hütchen, die anderen ohne, Brambilla war an die Tür geeilt, und für einen Augenblick *era rimasto di stucco,* stand er wie vom Schlag getroffen, dann *ha incassato il colpo,* hat er die Überraschung überwunden (eigentlich: beim Boxen einen Treffer kassieren) und lächelt; *ma chi domina la situazione,* wer aber die Lage beherrscht – und was für eine Lage! –, das ist die gute Elvira. Sie begrüßt alle mit Namen und läßt es sich angelegen sein, Küsse auf beide Wangen und

Umarmungen zu verteilen und entgegenzunehmen und wird nicht müde auszurufen: »Oh, was für eine Überraschung, was für eine wunderbare Überraschung!«
Nun sind endlich alle eingetreten, allen voran die liebe Amelia, Elviras Schwester, gefolgt von ihrem Mann, dem Commendatore Alfonso (*Commendatore* ist der Titel, den ein Inhaber des Komturkreuzes des Italienischen Verdienstordens zu tragen berechtigt ist und von dem in Italien viel und gern Gebrauch gemacht wird), danach Tante Clotilde mit Onkel Luigi, da sind auch Salvatore und Claudia und ihr Sohn Giorgio. Aber dieser sein sympathischer Neffe ist heute nicht allein. Neben ihm steht ein hübsches Mädchen, ein bißchen verlegen ist es wohl . . . Dann Vittorio und Franca, Filippos Nichte, und seine Cousine Marta mit Cesare und ihrem Jungen Paolo, der natürlich Paolino genannt wird, einem *frugoletto,* einem Schlingel von nunmehr zehn Jahren. Zusammen mit dieser ganzen Schar sind *guantiere die paste, scatole di cioccolatini,* Pralinenschachteln, ein großer *Panettone,* Mailänder Hefekuchen, und sogar ein paar Flaschen mit hereingekommen, die der eine oder andere mitgebracht hat.
Amelia ergreift das Wort für alle: »*Mia cara,* ja, wir sind alle hier, wir sind gekommen, weil *la fidanzata,* die Verlobte von Giorgio nur für zwei Tage in Mailand ist, ehe sie in das Internat nach Lausanne zurückfährt. Wir wollten sie euch vorstellen, Giorgetto ist doch dein *figlioccio,* Patenkind, nicht wahr . . .? Es war doch richtig, wir mußten sie euch bringen . . . Wir konnten sie nicht weggehen lassen, ohne daß ihr sie kennenlernt . . . Es ist ja alles so schnell gegangen . . . Bei den Bianchi haben sie sich kennengelernt, ja, ja, voriges Jahr zu Silvester . . . Ja, erinnerst du dich nicht mehr?« Mein Gott, seufzt Filippo Brambilla, wer hätte gedacht, daß heute abend solch eine Invasion stattfinden würde, und wer hätte an all diese Verwandten gedacht; *per fortuna,* zum Glück sind nicht auch noch die anderen Tanten und *la sequela,* die endlose Reihe von Vettern und Cousinen mitgekommen . . . Während er das bedenkt und zu sich selbst sagt: »*Alla larga* – sie sollen mir bloß vom Halse bleiben, diese

großen Familienzusammenkünfte«, kümmert sich seine Frau um alle und um alles. Jeder hat einen bequemen Platz gefunden – wer weiß, wie –, und schon sind kleine Teller, Gläser und Servietten herbeigeholt worden. *Il primo brindisi,* der erste Trinkspruch auf die Verlobten ist schon ausgebracht, und die Unterhaltung ist lebhaft geworden; der eine gestikuliert, der andere fällt seinem Nachbarn ins Wort, der dritte hört geduldig zu und wagt es nur ab und zu, ein Wort von sich zu geben. Es ist kaum zu glauben, wie man es fertigbringen kann, die Namen von allen Verwandten zu behalten, von denen, die da sind, und auch von denen, die nicht anwesend sind. Apropos, die Verlobte von Giorgio hat wirklich einen schönen Namen: Graziella. Vittorio bringt das Gespräch auf die Politik, das ist *il suo debole (debole* = Schwäche, hier soviel wie *passione,* also: sein Steckenpferd), dabei reißt er die anderen mit sich fort, und wenn der Commendatore Alfonso dabei ist, wird das Gespräch

hitzig, denn dieser hat entgegengesetzte Ideen und Anschauungen und verträgt keinen Widerspruch, *si dà sempre arie di padreterno,* er benimmt sich immer wie der Herrgott selbst. Jedesmal kommt es zu einem *battibecco,* einem Wortstreit. Einer versucht, das Gespräch auf den letzten Strega-Preis abzulenken, doch das ist ein schwacher Versuch. Wer könnte es auch schon sein, wenn nicht Clotilde, unterstützt von Cesare, diese beiden sind die *patiti per le lettere,* die Literaturbesessenen in der Familie, und Brambilla hat nie herausbekommen, ob aus wirklichem Interesse für die Literatur, aus Snobismus oder *per fare sfoggio,* um sich aufspielen zu können, da die beiden dank ihren Verbindungen allen Klatsch *di questo ambiente,* aus diesen Kreisen kennen. Es scheint fast, daß sie die Bücher nur lesen, um sich besser zu informieren oder um bekannte Persönlichkeiten darin wiederzufinden, von denen sie ohnehin schon alles wissen . . .

Der *ragionier* Brambilla verfolgt *con la coda dell'occhio,* aus dem Augenwinkel heraus die Bewegungen von Paolino, der um den Tisch herumläuft, und erwartet *qualche guaio,* irgendein Unglück; *per amor di quiete,* um der lieben Ruhe willen bezwingt er seine Furcht und fährt fort zu sprechen, zuzuhören und zu antworten und sich dabei umzuschauen. Ah ja, Franca, natürlich, sie ist recht blaß – kein Zweifel, gewiß ist seine Nichte *in stato interessante,* in anderen Umständen (oder *incinta* = schwanger), sie erwartet ein Baby, und dieser Dummkopf von Vittorio – so denkt er – täte wohl besser daran aufzuhören, über Politik zu sprechen, *a sbraitare in quel modo,* so herumzulärmen. Man sieht ja, daß die Ärmste müde ist. Er hätte sich lieber mehr um sie kümmern sollen. Wer weiß, wann *il lieto evento,* das freudige Ereignis erwartet wird? Elvira stellt tausend Fragen, forscht nach den verschiedenen Angelegenheiten *del parentado,* der Verwandtschaft. Im Grunde hat sie recht: *Se si è in ballo conviene ballare* = wenn man auf dem Ball ist, muß man tanzen, oder: mit den Wölfen muß man heulen, und manchmal auch

tirare in ballo, mit in eine Angelegenheit jene hereinziehen, die nicht da sind. Besser noch wäre es, wenn man ein bißchen jünger wäre, *e si potesse fare un bel ballo,* und man ein Tänzchen machen könnte, womöglich mit der hübschen Verlobten von Giorgio; warum nicht? Aber so, wie man früher tanzte. Heutzutage bewegen sich die jungen Leute in Rhythmen, die er nicht begreifen kann, *figurarsi poi se dovesse ballarli,* geschweige denn tanzen!

Mit einem letzten allgemeinen Stimmengewirr hat man das letzte Glas *spumante* geleert . . . Nach ein Uhr ist das Haus endlich wieder leer, nach so vielem Gerede, nach so viel *cagnara,* so viel Radau ist wieder Stille eingetreten, eine jetzt fast lastende Stille, so lastend wie der Schlaf, der nun den *ragionier* Filippo Brambilla gefangennimmt, während er in seinem Bett liegt und nachdenkt oder träumt oder glaubt nachzudenken und doch schon träumt.

Vielleicht ist ihm beim Einschlafen noch in den Sinn gekommen, daß er sich morgen früh mehr Zeit nehmen kann, deshalb wohl stößt er einen tiefen Seufzer aus, einen Seufzer der Erleichterung diesmal: Denn morgen ist Sonntag. Es wird zwar klingeln, aber erst gegen neun Uhr, wenn der Bäckerjunge vorbeikommt, um *panini,* Brötchen (*michette* nennt man sie auch), Brot und *grissini* zu bringen; gegen elf Uhr wird er wie gewöhnlich zum Friseur gehen – ja, rasieren und Haare schneiden –, und dort wird er auch seine Zeitung lesen (in Italien haben sonntags vormittags Bäcker und Friseure geöffnet), dann hat er noch Zeit, seinen Rundgang zu machen und dann . . .

Aber jetzt träumt er wirklich. Wieder sieht er die Verwandten im Wohnzimmer versammelt, und er stellt seine Betrachtungen an, indem er sie, einen nach dem anderen, unter die Lupe nimmt . . . Da ist Amelia, sie ist zwar lieb, aber *una lagna, uno strazio,* ein Plagegeist; wenn sie boshaft wäre, würde er sie als eine *cariatide,* Karyatide (man sagt *»vecchia come una cariatide«)* bezeichnen, aber vielleicht ist sie nur deshalb so sauer, weil sie neben diesem Alfonso leben muß, der so *lunatico,* so launisch, so *caparbio,* so halsstarrig, *scorbutico,* mürrisch und *pignolo,* kleinlich ist. Wie oft schon erwies er sich als der typische *guastafeste*, als Spielverderber. Ja, dieses Mal war es noch gutgegangen, *malgrado certe fesse considerazioni di Vittorio*, trotz gewisser blöder Ansichten von Vittorio, *è un vero fesso e capace di dire soltanto fesserie*, er ist ein wirklicher Dummkopf und kann nur Unfug reden. Dazu ist er ein *saputello*, ein Besserwisser, nichts als ein *fessacchiotto*, Blödian, *sbruffone*, Angeber, *fesso d'oro*, Erzdummkopf und *rompiscatole*, Störenfried.

Jetzt erscheint ihm Tante Clotilde im Traum, *salottiera perfetta*, eine vollendete Dame von Welt, von großartigem Auftreten, ausgezeichneter Erziehung, aber auch sie ist *un impiastro*, eine lästige Person mit ihrer Manie für die Literatur, *con le sue ande*, mit ihrem Getue, wie ihre Kinder es nennen. Sie ist auch eine reiche, exzentrische Frau, die sich gern aufspielt, ein bißchen verrückt und *con un sant'uomo di marito*, mit einem Engel als Mann, denn ihn, Luigi, war er immer versucht San Luigi zu nennen, so sehr tat ihm dieser Mann leid und so war er ihm sympathisch. Er war so *accomodante*, so verträglich, manchmal vielleicht *un po' spiritato*, ein bißchen geistesabwesend, aber ihm verzieh er selbst die Tatsache, daß er

nostalgico war (*nostalgico* heißt eigentlich, daß er Heimweh hat, doch ist dabei politisches Heimweh nach der faschistischen Vergangenheit gemeint) . . . Marta, um einiges jünger als Clotilde, war ihr in vielem sehr ähnlich, ein bißchen *stravagante*, extravagant, sehr gewählt in ihrer Ausdrucksweise,

sofisticata, raffiniert, gekünstelt. Zu gesellschaftlichen Veranstaltungen und zu literarischen Zirkeln, auch ins Theater, wo er stundenlang die am meisten diskutierten avantgardistischen Stücke über sich ergehen lassen mußte, begleitete sie Cesare, ihr Mann, der seine Frau anbetete. Sie war auch tatsächlich eine schöne Frau, und deshalb folgte er ihr gern in die Salons und ins Theater, ohne im Grunde dafür eigenes Interesse zu haben. Ihr zu Gefallen war er immer bereit, Tante Clotilde zu unterstützen, *quando dava stura alle sue conoscenze letterarie*, wenn sie ihre literarischen Kenntnisse von sich gab (eigentlich: entkorkte) oder wenn sie die Unterhaltung auf ihr Lieblingsthema, die moderne Malerei, bringen wollte . . . Was war von dem kleinen

Paolino zu sagen? Heute abend, was sage ich, heute nacht hatte er wenig Lust, daran zu denken; es überkam ihn nur wieder die Empörung, daß ein Junge von zehn Jahren so lange aufgeblieben war. Natürlich müssen die Kinder dann nervös und neurotisch werden; der arme Junge, aber ein hübscher Junge!
Das ausgeglichenste Paar waren für ihn immer noch Salvatore und Claudia – nicht, weil Claudia seine Schwester war, sondern weil es den Tatsachen entsprach, *gente con la testa sulle spalle, con la testa a posto,* Leute mit dem Kopf auf dem rechten Fleck. Sie führten ein geordnetes Leben; er war ein guter Beamter, sie eine gute Hausfrau und eine sehr gute Mutter, ihren Giorgio *lo aveva tirato su,* hatte sie aufgezogen, wie es sich gehört, *senza grilli per la testa,* ohne Grillen, ohne verrückte Ideen im Kopf, ernst, *un ragazzo in gamba,* ein fähiger Bursche. *Ormai non era più uno sbarbatello,* jetzt war er kein Milchbart mehr und dann, wenn er den Militärdienst abgeleistet hatte – in einem Monat *doveva andare sotto la naja,* mußte er zum »Kommiß« –, würde er heiraten. Franca dagegen, seine Nichte, für die er immer eine besondere Schwäche gehabt hatte, war darin kein Glückskind gewesen, diesem Kerl von Vittorio zu begegnen und ihn zu heiraten; Franca hätte etwas Besseres verdient gehabt. Vielleicht aber würde er sich jetzt auch bessern, wenn der Stammhalter oder ein kleines Mädchen auf die Welt kommen würde.
Der arme Filippo Brambilla war nicht eingeschlafen; jetzt fragte er sich: Und die anderen, was würden sie wohl von ihm denken? Aber im Grunde *se ne infischiava lui del loro giudizio,* pfiff er auf ihr Urteil, es war ihm ganz schnuppe, und mit einem tiefen Seufzer drehte er sich auf die andere Seite und fing an zu schnarchen.
Elvira schlief tief und fest den Schlaf der Gerechten. Sie hatte es im Blut, dieses Gefühl, wie die Verwandten und die Verwandten der Verwandten empfangen werden mußten; für sie war es selbstverständlich, denn Elvira Belaria kam aus dem Süden. Ihr Großvater war Sizilianer gewesen und war – wie viele Jahre waren seitdem nun schon vergangen! – nach Mailand gekommen *per guadagnarsi la pagnotta* = um sich sein Brot zu verdie-

nen, *ed aveva fatto strada* = und er hatte seinen Weg gemacht, *si era sposato una del milanese* = er hatte eine aus der Gegend von Mailand geheiratet und war dann gestorben, *la buon' anima,* die gute Seele (der übliche Ausdruck, wenn man von Verstorbenen spricht), als sie noch ein Kind war. So war sie als Mailänderin aufgewachsen und fühlte sich als solche. Sie sprach auch nur den Mailänder Dialekt; für die Verwandten jedoch galt das Gesetz des Blutes. So groß waren ihre Begeisterung und ihr Eifer gewesen, mit denen sie sie empfangen hatte, daß sie ohne Bedauern auf den Film, der ihr doch so wichtig gewesen war, verzichtet hatte . . . Sie, Elvira, hütete sich wohl, ein Urteil über ihre Verwandten zu fällen oder sie zu kritisieren, da müßte sie sich schon einen Zwang antun, und am Ende wäre sie doch immer wohlwollender mit ihnen gewesen als mit sich selbst.

Sie waren im Grunde ja alle *bonaccioni,* gutmütige Kerle, aber trotzdem, Alfonso etwa, *vecchio come il cucco,* alt wie Methusalem, wie er war (*cucco* oder *cucolo* ist der Kuckuck, also eigentlich: alt wie der Ruf des Kuckucks), *troppo tirchio al massimo,* zu knauserig höchstens, und sie hatte kein Verständnis für *i tipi micragnosi attaccati al denaro,* die kleinlichen Leute, die am Geld hingen, und dazu war er noch *un attaccabottoni* (ein durch andauerndes Reden und Schwatzen lästiger Mensch), der, wenn er einmal anfing *e gli si dava corda,* und man auf ihn einging (man ihm Leine ließ, heißt es wörtlich), nicht mehr aufhörte; *mio dio, che pizza, che barba,* mein Gott, was für ein lästiger Kerl, was für eine langweilige Person, konnte man auf den Gesichtern der anderen lesen, nur nicht auf dem von Vittorio, der nur auf ein Wort wartete, um, *facilone com'era,* oberflächlich, wie er war, sich in das Gespräch zu stürzen und Themen zu behandeln und zu diskutieren, die er kaum kannte; eigentlich war er nichts anderes als *un contaballe* oder *ballista* oder *venditore di fumo,* ein Aufschneider und Angeber (wörtlich Rauchverkäufer). Von Salvatore, was war da wohl zu sagen? Tüchtig war er, ja, aber wenn man ihn besser kannte, konnte man Überraschungen erleben, teils *menefreghista* (von *me ne frego:* es ist mir schnuppe, gleichgültig), teils *scansafatiche* (einer, der der Arbeit aus dem Wege geht), teils *piantagrane* (einer, der überall Unheil wittert und stiftet), dann ganz plötzlich bereit,

a cavillare (etwas aufs I-Tüpfelchen genau zu nehmen), mit einer Kerze auf die Suche nach Fehlern und Schwierigkeiten zu gehen, *e cercare il pelo nell'uovo* und ein Haar in der Suppe (hier im Ei) zu suchen, *pur di aver l'ultima parola,* nur um das letzte Wort zu haben. Die schöne Clotilde war *un*

ingegnaccio, ein verkommenes Genie, und wenn jemand schlecht von ihr sprach, so war es nur aus Neid, aus Zorn,

perchè non poteva soffrire la loro pochezza e nullità, weil sie deren Unbedeutendheit und Nichtigkeit nicht ausstehen konnte, so war es . . . Und Luigi war im Grunde alles andere als ein San Luigi, er war *un ipocrita,* ein Scheinheiliger, *una*

banderuola, eine Fahne im Wind, *un baciapile e bacchettone,* ein Heuchler und Betbruder, gerade einer von denen die sie nicht ausstehen konnte.

Franca war immer ein gutes Mädchen gewesen, *un tipino a modo,* ein netter Kerl, jetzt träumte sie von *il nastro bianco,* dem weißen Band (es ist ein alter Brauch in Italien, ein weißes Band an der Haustür anzubringen, wenn ein Kind geboren ist; bei einem Todesfall dagegen wird ein schwarzes Band befestigt) und von ihrem Kind, das sie schon seit langem ersehnt hatte – Franca mochte sie bedingungslos gern. Cesare und Marta, das sind auch so zwei, er *un po' sfasato,* ein bißchen fahrig und unschlüssig, immer war er *un raccomandato di ferro,* ein besonderer Protegé, einer mit einer starken Rückenstütze gewesen. Und auf diese Weise hatte er auch Karriere gemacht, *lavativo e traffichino,* nachlässig und berechnend zugleich, in literarischen Gesprächen *vanesio,* aufgeblasen (man sagt auch *vantone, spaccone* und *fanfarone* für Prahlhans und Aufschneider, bei der letzten Einstudierung des »miles gloriosus« von Plauto wurde der Titel mit »Il Vantone« übersetzt), *sparava grosso* = er gab groß an, um die schlichten Gemüter zu beeindrucken, die gewisse Namen oder Theorien bestenfalls vom Hörensagen kannten. Sie, Marta, dagegen war ein bißchen apathisch; sie

hatte nur Haus und Familie im Kopf, und wenn es an ihr gelegen hätte, wäre der kleine Paolino gewiß besser erzogen worden. Man sah ja, wie sie oft die Zügel anzuziehen versuchte, stets aber von Cesare daran gehindert wurde. Claudia, die Schwester von ihrem Filippo, war ihr ein bißchen zu friedlich und gutmütig, *una posapiano*, eine Bedächtige; sonst war eigentlich nichts an ihr auszusetzen . . . Und der neuverlobte Giorgio? Als Junge schien er ihr *un po' troppo fifone (aver fifa* = ängstlich sein), ein bißchen zu ängstlich, und sie hatte ihn deswegen verspottet; dann hatte er sich geändert. Jetzt war er ein wirklicher *mattacchione*, ein verrückter Spaßvogel (*matto* = verrückt) geworden, den seine Freunde suchten, weil er eine Gesellschaft in Stimmung hielt, ohne jedoch deshalb dumme Scherze zu machen, *scherzi grossolani*, grobe Scherze,
scherzi da burino (burino = Bauerntölpel), wie es so oft der Fall ist (man sagt auch mit einem für den Klerus *[preti]* etwas unehrerbietigen Ausdruck *far scherzi da preti*, was dumme, witzlose Scherze heißen soll). Jetzt, wo der Militärdienst und die Heirat vor ihm lagen, war noch deutlicher zu merken, daß etwas in ihm steckte, und seine Graziella war vor allem *un buon partito*, eine gute Partie! Amelia hatte sie vergessen. – Amelia! seufzte sie und drehte sich auf die andere Seite . . .
Arianna ist inzwischen in ihrem Zimmer, wohin sie sich vor dem Ansturm der Verwandtschaft geflüchtet hatte – in früheren Zeiten hätten Papa und Mama sie gescholten und bestraft. Sie schläft nicht, sondern liest und schreibt sich dazu Notizen auf. Der Tisch ist voll von Büchern, Zeitschriften und Heften. Die blonde *occhiglauca*, die blauäugige Arianna, groß, schlank, mit von einem Band zusammengehaltenen Haaren, die in natürlichem Schwung auf die Schultern fallen, lebhaft und sehr anmutig, sieht auf den ersten Blick nicht aus wie die Schwester von Fausto, der in allem ganz anders ist, im Körperbau schon; er ist nicht groß, eher untersetzt, mit dunklen Augen und einer schwarzen Mähne *e con l'andatura a ciondoloni*, mit schwankendem Gang. Auch im übrigen sind die beiden eher entgegengesetzt: Sie liest, ja studiert Zeitungen wie *Il Mondo*, *L'Espresso*

(linksliberale Wochenblätter für Politik und Literatur) und *Il Giorno* (eine Mailänder Zeitung), *bazzica,* verkehrt mit ihrer ganzen jugendlichen Begeisterung und dem Überschwang ihres Wesens in den Jugendgruppen der Radikalliberalen, die in der Nähe der Sozialdemokraten stehen; sie wirkt an der Studiobühne ihrer Schule mit, ja sie ist sogar ein bißchen deren Seele – er dagegen ist ein Getreuer der FUCI (*Federazione Universitaria Cattolica Italiana* = Italienische Katholische Studentenvereinigung), durchfliegt den *Corriere della Sera,* aufmerksamer noch den *Osservatore Romano* (Tageszeitung und offizieller Sprecher des Vatikans) und *La Civiltà Cattolica* (bedeutendste katholische Zeitschrift), genießt schon jetzt Ansehen unter den Jungkatholiken, wird geschätzt bei Diskussionen und ist aktiv bei jeder Zusammenkunft. Arianna treibt Sport, im Schwimmbad, auf dem Sportplatz, *è bravissima nella corsa agli ostacoli,* sie ist sehr gut im Hindernislauf und im Winter beim Skilaufen. Fausto, *che è stato invece sempre una schiappa sul campo sportivo,* der dagegen immer eine Niete auf dem Sportplatz gewesen ist, nimmt gern an Ausflügen teil, auch in die Berge, *è un appassionato della vespa,* er ist ein begeisterter Vespafahrer, *ha il bernocolo dei motori,* er hat besonderes Geschick mit Motoren (*il bernocolo* ist eigentlich eine Beule, der Ausdruck rührt von der Wissenschaft her, die alle Geistes- und Charaktereigenschaften durch die Kopfformen erklären wollte, so daß also eine besondere Fähigkeit ihren Sitz in einer Beule haben müßte!). In einem Punkt begegnen sich die beiden Geschwister und treffen dabei auch manchmal hart aufeinander, *in un tifo comune per il calcio,* in einer gemeinsamen Leidenschaft für das Fußballspiel, *sono tifosi o patiti,* sie nehmen leidenschaftlich Partei für zwei verschiedene Mannschaften ihrer Stadt. Sie ist fanatische Anhängerin des *Milan* – und wehe dem, der ihren *Milan* anzugreifen wagt; er dagegen nimmt Partei für die *Ambrosiana* – auch wenn es nur für den Tag ist, an dem gespielt wird – und singt ein Loblied auf die, die früher die großen Spieler »seiner« Mannschaft gewesen sind. Wenn beide auf dieses Thema kommen, dann gibt es unweigerlich Streit. Am Sonntagabend kommt dazu

noch das Warten auf die Ergebnisse, *con le schedine del totocalcio*, mit den Tippzetteln in der Hand! Papa Brambilla läßt ihnen ihren Willen; jeder hat seine Freiheit, hat er einmal verkündet und hinzugefügt: Auch ich die meine; *e non si sbottona sulla sua*, er spricht nicht über die seine, und wenn er die Arbeit, die Parteien, die Fußballmannschaften und seine Sorgen vergessen will, vertieft er sich in die Lektüre seiner *gialli*, der Kriminalromane (wörtlich »die Gelben«, weil in Italien alle Kriminalromane gelbe Umschläge haben). Als einmal eine Diskussion über Politik im Gange war, fuhr Elvira dazwischen: »Jeder hat seine eigenen Ideen, *lasciatelo*
cuocere nel suo brodo, laßt ihn in seiner eigenen Brühe kochen (laßt ihn nach seiner Fasson selig werden); Schluß und basta!« Jetzt fallen Arianna die Augen zu vor Müdigkeit, und während sie sich anschickt, ins Bett zu gehen, hört sie draußen den Bruder, der mit vorsichtigen Schritten die Wohnung betritt und sich in sein Zimmer zurückzieht. Donnerwetter, es ist fast drei Uhr; aber morgen, vielmehr heute, ist ja Sonntag . . .

Gehen wir nun leise, in *punta di piedi*, auf Zehenspitzen, denn jetzt schlafen alle bei Brambillas. Um uns herum ist es
buio pesto, stockdunkel, *notte fonda*, tiefe Nacht, auch auf der Straße sind keine Geräusche mehr zu hören, nur in das Haus gegenüber gehen Leute, ah ja, es ist der Herr Bianchi oder Rossi, der, der den Laden auf dem Platz gleich nebenan hat, er kommt immer spät nach Hause, *scapolone impenitente com'è*, ein verstockter Junggeselle, wie er ist; er verbringt seine Abende mit Freunden oder . . .

Brambilla, Bianchi, Rossi, *Tizio, Caio* und *Sempronio* oder wie sie sonst heißen mögen, Leute also wie die Müller und Maier, die Schmidt oder Schulze, mit all ihren Freuden und ihren Leiden – jetzt aber erwarten sie alle ruhig schlafend den längeren Tag, den sie *come una pacchia* wie ein Labsal im voraus genießen.

Gute Nacht, morgen ist Sonntag, lieber Filippo Brambilla!

6

DER »CAMPANILISMO« ODER – ANDERE LÄNDER ANDERE SITTEN –

»Paese che vai, usanze che trovi«
unter anderem begegnet man womöglich auch einem *»jettatore«*

Campanili, Kirchtürme, *torri campanarie,* Glockentürme, *cupole,* Kuppeln, und *cupoloni* – und wiederum *campanili,* in der Ebene, auf Hügeln, an Bergrücken geklammert, mitten in den Wäldern und über den Wassern der Lagune; alte, feste Türme und schlanke, von den Spuren der Zeiten gedemütigte, andere in neuen Formen, den Berechnungen der Statik folgend aus Eisenbeton erbaut, auch zerborstene Türme oder wunderbare Wölbungen über herrlichen Kirchen – manche wie Bergzacken zum Himmel aufstrebend und spitz, andere eckig und klobig, mit Kreuzen oder auch ohne, mit einem darauf thronenden Heiligen, einem Christus oder einer Madonna oder einem zwischen Himmel und Kirchturmspitze fast schwebenden Engel . . . Wenn man Italien von oben betrachten könnte, würde man tausend und aber tausend Kirchtürme wie Punkte darauf sehen, und jeder Kirchturm oder Glockenturm ist der Stolz einer Gemeinde, Stolz und Wahrzeichen für die Bürger einer Stadt im Vergleich zu den anderen, von den nächsten bis zu den fernsten, und auch für die Bewohner *di un quartiere, di una contrada,* eines Stadtviertels, im Vergleich zu anderen Teilen derselben Stadt.

Diese Bindung an die engste Heimat, dieses besondere Verhältnis, dieser Stolz auf den *campanile* ist der Campanilismus. Man muß das nun aber nicht falsch interpretieren; Campanilismus hat nichts zu tun mit einer Beschränkung des Horizonts, es soll nicht bedeuten, daß der Blick der Bewohner über den Horizont ihrer Stadt nicht hinausginge, sondern damit ist die Anhänglichkeit an den eigenen Kirchturm, eine Erweiterung oder Übertragung des eigenen Individualismus auf die Eigenheiten des Heimatortes gemeint;

und Italien, meine lieben Leser, ist campanilistischer als ein Campanile selbst!

Wo es keinen Kirchturm gibt, besteht diese Liebe, dieses Verhältnis trotzdem und bleibt in übertragenem Sinne wirksam. Von jeher hat diese Liebe verbindend und trennend zugleich gewirkt; sie einte die Bürger einer Stadt oder die Bewohner eines Dorfes, um sie in Streit oder Fehde oder in den Krieg gegen diejenigen zu führen, die sich im Schatten des Kirchturms eines anderen Dorfes oder einer anderen Stadt zusammengefunden hatten. Später, nachdem Italien geeint worden war, blieben trotzdem unzählige Gründe für die Anhänglichkeit an den heimatlichen Kirchturm erhalten. Einen Italiener könnte man, ohne etwas Falsches zu sagen, statt nach Heimatstadt oder Dorf ohne weiteres fragen: »Zu welchem Kirchturm gehörst du?« Und die Antwort würde mit Genauigkeit und voller Stolz gegeben werden.

Dringen wir also ein in den Wald der italienischen Kirchtürme, jeder mit seinem eigenen Charakter, seiner Würde, seinem Hochmut, und alle schauen »von oben« auf uns herab, der eine mehr, der andere weniger.

Der Campanilismus hat heutzutage zugleich auch eine negative Seite, denn die Anhänglichkeit an alles, was mit dem Campanile als Symbol in Zusammenhang steht, kann übertrieben werden. Neben dem, was wir als positiv ansehen können, zeigt sich also das, was den Campanilismus zum Provinzialismus werden läßt, bei dem es heißt: »Machen wir so weiter, wie es immer gewesen ist, wir, hier bei uns.«

Als Italien 1859 auf dem Weg der Einigung war, sagte der Politiker Luigi Carlo Farini, als er in jenem November von der Romagna sprach: »Ich habe es fertiggebracht, ich habe die *campanili*, die Kirchtürme, gestürzt und eine einzige Regierung eingesetzt. Im neuen Jahr werden von Piacenza bis Cattolica alle Gesetze, alle Verordnungen, alle Namen und auch alle Fehler piemontesisch sein!« So notwendig fand er es also, gewisse Campanilismen zu vernichten, und das ist heute wohl noch genauso gültig wie gestern. Trotzdem, wie rührend und menschlich ist auch die andere Seite: »Es starb der alte Bassini (so wird von Guareschi in einem seiner Bücher erzählt, doch könnte es ebenso von einem anderen, Bekannten oder Unbekannten, berichtet worden sein), und in seinem Testament stand zu lesen: ›Ich vermache alles dem hochwürdigen Herrn Pfarrer, damit er den Engel des Kirchturms neu vergolden lassen kann, so glänzt er dann, und von da oben kann ich sehen, wo mein Dorf ist‹, und weiter: ›Ein Engel aus dem zwölften Jahrhundert auf dem Turm dieser armen Kirche. Das ist eine Ehre für das ganze Dorf.‹« Eine Bindung des Gefühls also und der Zuneigung an das Heimatdorf. Daraus entsteht eine campanilistische Solidarität zwischen einem *campanilista* (also einem, der dem Campanilismus huldigt) und dem anderen.

Bei den *campanili* muß man natürlich an die *campane* = Glocken denken, die selbstverständlich geläutet werden, wobei zu bemerken ist, daß läuten, *suonare,* auch eine andere, sehr viel weniger poetische und freundliche Bedeutung haben kann, denn

suonarle di santa ragione heißt jemanden verprügeln, ihn tüchtig durchhauen,
me le ha suonate = er hat sie mir gegeben,
gliele ho suonate = ich habe sie ihm gegeben.

Lassen wir jetzt die Glocken, um zu den Leuten auf dem Platz hinabzusteigen, dorthin, wo Freundschaften geschlossen werden und sich streitende Gruppen bilden. Heute, am Sonntag, wimmelt es nur so von Leuten um Santa Maria del Fiore herum. Sie kommen und gehen zur Messe, gehen spazieren, treffen sich, unterhalten sich, treffen Verabredungen *per la partita – la partita di calcio* ist da natürlich gemeint, das Fußballspiel! Auch auf dem Sportplatz wird sich der Campanilismus zeigen, wenn auch heutzutage die Mannschaften nicht mehr, wie in den schönen Zeiten des Sports, ausschließlich aus Spielern des Ortes bestehen . . . Aber was heißt das schon; das, was zählt, ist, daß es »unsere« Mannschaft ist – und nicht die der anderen! Da wir nun schon *in quei di Firenze,* in Florenz sind, und sogar *in piazza del Duomo,* auf dem Domplatz, wollen wir ein altes Sprichwort zitieren, das wiederum ein Beweis für den Campanilismus ist, den es überall in Italien gibt: *»Fuori dell'ombra del cupolone la miseria«,* das heißt, daß außerhalb von Florenz Armut herrscht, denn mit *cupolone,* wenn es ein Florentiner sagt, ist die Kuppel von Brunelleschi gemeint, und im Schatten der Kuppel geboren zu sein, bedeutet soviel wie ein waschechter Florentiner zu sein. Passen Sie aber auf, denn wenn Sie hören: *»er cupolone«*, dann ist die Kuppel von St. Peter gemeint (»er« heißt im römischen Dialekt *»il«*), und ein echter Römer heißt *»un romano di Roma«,* ein echter Mailänder dagegen *»un milanese spaccato«* und der richtige Triestiner *»un triestino patocco«.* Noch ein gebräuchlicher und oft angewendeter Ausdruck, um die »Echtheit« der Herkunft zu unterstreichen, ist dieser: *»da buon napoletano«, »da buon milanese«, »da buon veneziano«,* was ganz ernst, aber auch mit einem ironischen Unterton gesagt wird. Also: *»da buon napoletano quel nostro cugino sa cucinarsi certa pasta con le vongole, che fa risuscitare i morti . . .«* (»Als richtiger Neapolitaner versteht es unser Vetter, sich ein Gericht Teigwaren mit Muscheln zu kochen, das die Toten wiederauferstehen läßt!«) oder: *»Da buon milanese il ragionier Brambilla sostiene che i lavori della metropolitana come son stati fatti a Milano non li avrebbe fatti nessun' altra città, perchè non per dire, ma quando a Milano ci si* *mette. . .«* (»Als richtiger Mailänder behauptet der Ragioniere Brambilla, daß keine andere Stadt die Arbeiten für die Untergrundbahn so gut gemacht hätte wie Mailand, und das ist nicht nur so ein Gerede, denn wenn man in Mailand einmal anfängt . . .«).

Dann gibt es die große Teilung zwischen Nord und Süd, Kollektiv-Campanilismus könnte man das nennen, es gibt tatsächlich *»la bassa Italia«* (Unteritalien) und *»l'alta Italia«* (Oberitalien); *la bassa Italia* umfaßt von Rom an alles, was südlich davon liegt, für einige, die noch strenger sind, beginnt es sogar schon in Florenz; was oberhalb davon liegt, zählt zu Oberitalien. Von Mittelitalien wird wenig gesprochen, das, was für den Campanilismus, für das Heimatgefühl, Gewicht hat, ist die Zugehörigkeit entweder zum Norden oder zum Süden. Im Norden wohnen *i polentoni* oder *mangia polenta,* also diejenigen, die Polenta essen, ein Gericht aus Maisgrieß, das vornehmlich in Piemont mit Wild, in der Gegend von Bergamo mit den armen, so viel zitierten Vögelchen (*polenta e osei)* und in Venezien mit Kaldaunen zubereitet wird oder auch mit Milch oder mit *cotechini,* einer ausgezeichneten Würstchenart. Im Süden ist dieses Gericht so gut wie unbekannt und auch unbeliebt, deshalb ist mit dem Spitznamen *polentoni* ein gewisser Sarkasmus verbunden. Die Bewohner *del meridione,* des Südens, *della bassa Italia* = Unteritalien oder einfach *della bassa* werden *terroni* genannt (*terrone* kommt von *terra matta* oder *terra ballerina,* verrückte oder tanzende Erde, die Erdbeben oder Vulkanausbrüchen unterworfen ist) oder *cabibbi,* von *terra cabibba,* womit vor allem Italiener von Neapel und südlich davon gemeint sind.

Sowohl die Bezeichnung *polentoni* als auch das Gegenteil *terroni* sind auf dem Kasernenhof entstanden, bei den Rekruten aus dem Süden, die im Norden Dienst tun mußten, und umgekehrt.

Die aus dem Norden haben *amici* Freunde oder *compaesani* = Bekannte aus dem gleichen Ort, aus der gleichen Gegend; die aus dem Süden dagegen *paesani.* Der Süditaliener wird

überall in der Welt gleich seinen *paesano* suchen und finden, und von ihm wird ihm Beistand und Trost zuteil, auch Grund zum Streit, doch im Vergleich zu anderen doch hauptsächlich Beistand und Hilfe, da ja alle *»paesani«* Brüder oder Vettern oder Schwäger, Schulgefährten oder Kameraden vom Kommiß her sind oder Patenkinder oder Paten von den gleichen Personen: auf alle Fälle Leute aus dem gleichen Dorf oder Stadtviertel oder immerhin aus derselben Gegend. Ohne diese würden sich die Italiener aus dem Süden recht *spaesati* = unsicher und verlassen fühlen! Noch heute – ich erinner mich an meine eigene Überraschung – werden in Sizilien alle Italiener, die nicht Sizilianer sind, *»Continentali«* genannt. Dabei kommt mir ein sehr amüsanter, geistreicher Film des unvergeßlichen catanesischen Schauspielers Angelo Musco »L'aria del continente« (»Die Luft des Festlandes«) in den Sinn, in dem eben die Abenteuer und Mißgeschicke eines Sizilianers von ihm dargestellt werden, der auf das Festland gereist war: nach Rom! *Su da noi* = bei uns oben ist eine Redewendung, die sich auf den Norden bezieht.
Diese Trennung zwischen Nord und Süd, die wohl bedauerlich ist, die sich aber glücklicherweise allmählich immer mehr verwischt, zeigt sich auch in einer Art Grenze auf kulinarischem Gebiet. Im Norden gibt es vorwiegend Reis und Reisspeisen, und zum Kochen verwendet man Butter und eventuell Margarine, im Süden gibt es *pasta,* also Teigwaren, und als Fett ein wenig raffiniertes, kräftig riechendes Öl. Natürlich haben diese Gebräuche hauptsächlich die wirtschaftliche und landwirtschaftliche Situation zur Ursache. Im Süden werden Teigwaren zur Sättigung gegessen, und wie oft hat man auf dem Lande statt dessen nur Brot mit Öl und Tomaten oder Brot mit Oliven. Diese Dinge bilden die Grundnahrung und oft die einzige Nahrung der Armen! Und da wir schon vom Essen sprechen – gleich noch einen Reim darüber:

Fiorentini mangia fagiuoli,
Napoletani mangia maccheroni,
bergamaschi mangia polenta
e milanesi busecconi.

Florentiner essen Bohnen,
Napolitaner essen Makkaroni,
Bergamasken essen Polenta
und die Mailänder Kaldaunen.

Von den Veronesen ganz zu schweigen, von denen man sagt: *»magnagatti«*, diese Katzenesser! Und damit wird der Genannte *sfottuto (da sfottere* spotten). Natürlich ist der, der es sagt, immer aus einer anderen Stadt oder aus einer anderen Gegend. Auch das ist Campanilismus, daß einer die Speisen des anderen verachtet und nur die eigenen für gut und köstlich hält . . .

Auch in der Art, wie man in Italien an diese oder jene Stadt denkt und sie benennt, zeigt sich der Kehrreim des Campanilismus, der mit Stolz dem Namen der Stadt, von der er sprechen will, einen Beinamen hinzufügt: Genova ist *la Superba* = die Erhabene, Torino *la Regale* = die Königliche, Napoli *la Canora* = die Singende, Venezia *la Serenissima* = e Durchlauchte, Pavia *dalle cento torri* = Stadt der hundert Türme, Bologna *la Dotta* = die Gelehrte, Roma *Eterna* = die Ewige, Firenze *la città del fiore* = Stadt der Blume, das heißt der Lilie, Assisi *mistica* = die mystische usw. Man kann wirklich sagen, daß die wichtigsten italienischen Städte nicht nur Eigenschaften haben, die sie voneinander unterscheiden und sie charakterisieren, sondern daß diese typischen Eigenschaften der einen Stadt fast vollständig den anderen fehlen, so daß jede von ihnen wirklich ein ganz eigenes und klar umrissenes Profil hat. Wenn wir Mailand als Beispiel nehmen wollen, so können wir nicht sagen, es sei ein Wirtschaftszentrum in Italien, sondern es ist das Wirtschaftszentrum Italiens überhaupt, nehmen wir Genua, so ist das nicht eine Hafenstadt unter vielen, sondern eben der Hafen von Italien. Nehmen wir Florenz, so denken wir bei dieser Stadt gleich an die Wiege der italienischen Kultur in der Renaissance und an eine ganze Tradition, die vor allem und ganz typisch florentinisch ist, nicht italienisch und zum Teil auch nicht toskanisch. Gehen wir hinunter bis Palermo, der Stadt, die wie ein Juwel in ein Land eingefügt ist, in der alle Kulturen, eine nach der anderen, ihre Spuren hinterließen – unweit der mächtigen dorischen Säulen der

Tempel, die die Jahrhunderte überdauerten, erheben sich zwischen Palmenhainen und Agaven die Denkmäler byzantinischer und normannischer Kunst in den Mittelmeerhimmel und weiter noch Spuren der Mauren neben dem Überschwang des spanischen Barocks. Welche andere Stadt könnte sich neben diese stellen, die wirklich einzig in ihrer Art ist? Nicht weniger für sich steht Turin, kokett, ein bißchen traurig, aber voll Würde; es war Residenz von Königen und Hauptstadt des sardinisch-piemontesischen Königreiches, später die erste Hauptstadt Italiens. Und unten, im parthenopeischen Golf, Neapel, die »Neue Stadt« der Griechen, unbekümmert und tragisch zugleich, mit seinen Menschen, die reich sind im Elend; dann, an der adriatischen Küste hinauf, Venedig, steinerne Spitzen zwischen Wasser und Himmel, wo Kanäle Straßen sind und wo *il campiello,* ein kleiner Platz, die Bühne für ein ewiges, natürliches Theater bildet. Oder Assisi, wo auch die Zeit stillzustehen scheint und wo in der Natur noch der Sonnengesang des heiligen Franziskus nachzittert. In Rom, wo man alles haben kann oder nichts, denn geben kann es unendlich viel; Baudelaire sagte, nachdem er dort gewesen war: »J'ai plus de souvenirs que si j'avais mille ans.« Sie sind alle verschieden voneinander, diese Städte und ihre Bewohner, so, als ob jede mit einer ganz anderen Hefe gewachsen sei und ganz verschiedenartige Menschen sie bewohnten. Und aus diesen unterschiedlichen Ortsatmosphären heraus werden jene typischen Figuren geboren, die wir unter dem Namen *maschere* (das sind die Gestalten der *Commedia dell'arte,* die ja zum Teil auch Masken tragen) kennen. Sie personifizieren Charaktere und sind Symbole, Quintessenzen dieser oder jener Landschaft. Im Lauf der Jahrhunderte wechseln sie vielleicht das Gewand, die Erscheinung, aber sie tauchen doch immer wieder in einer neuen Hülle auf, denn sie sind den Landschaften zugehörig und spiegeln deren Eigenschaften, im Guten und im Bösen; das ist also ihre Schar, sie ist fröhlich und traurig, scharfsinnig und töricht, lebensprühend und resigniert: *Pulcinella* und *Arlecchino,* der eine aus Neapel, der andere aus der Gegend von Bergamo, weiter
Pantalone und *»il dottore«:* Venedig und Bologna; dazu noch

Brighella, Gianduia und *Meneghino.*Und hören Sie nun etwas von dem, den man die *»maschera«* von Rom nennen könnte, von *Rugantino*. Eine echte Volkstype, eine richtige römische Maske; zuerst erscheint er unter den verschiedenen Puppen eines Puppenspielers, und zwar ist er der lebhafteste, scharfsinnigste und schlagfertigste Typ. Sein Name kommt von *ruganza = arroganza*, und deshalb ist sein Charakter

tutto sfottò e frecciate = ganz voll Spötterei, und er hat eine scharfe Zunge. Im Jahr 1848 leiht Rugantino seinen Namen einer Zeitung, von welcher Art diese wohl sein mag, kann man sich leicht vorstellen . . . Sein Geist lebt wieder auf in dem großen Schauspieler Petrolini und in dem von diesem geschaffenen Typ des Gastone – es ist die Zeit, in der Europa von einer Welle geistvollen und lebensvollen Sarkasmus heimgesucht wird – die berühmten zwanziger Jahre! –, und wir hören aus seinem Munde, *spaccona e arguta*, schwadronierend und scharfsinnig, wie er von »seinem« Rom spricht:

Tira a campà!	Leb, so gut du leben kannst!
Che t'importa de ieri?	Was kümmert dich das Gestern?
Pensa a oggi	Denk an heute,
chè domani qualche	denn für morgen wird schon
santo provvederà	irgendein Heiliger sorgen.
Tira a campà!	
Tira a campà!	
Butta a fiume li pensieri	Wirf die Sorgen in den Fluß
e ringrazia Dio pe'esse nato qua	und danke Gott, hier geboren zu sein!
che paese . . . che paese 'sta città!	Was für ein Ort . . . was für ein Ort ist diese Stadt!
Ce saranno venti case	Es gibt vielleicht zwanzig Häuser,
ma ce sono duemila chiese	aber dafür zweitausend Kirchen,
che paese! che paese!	
E c'è gente che in un' ora	und es gibt Leute, die sich in einer Stunde
se diverte per un mese . . .	für einen ganzen Monat amüsieren . . .

Tira a campà!	Auf, laßt uns essen und trinken,
Su, magnamo e bevemo sciampagnamo	Sekt trinken!
Chè domani benedetto chi po' cantà!	Glücklich, wer morgen noch singen kann!
che paese . . . che paese 'sta città!	
qui se sentono di casa	Hier fühlen sich sowohl
tanto er turco che er danese	Türken als auch Dänen wie zu Hause.
chi cercò de far er padrone	Wer versucht hat, hier den Herrn zu spielen,
in quer posto se la prese	der hat sie hintendrauf gekriegt,
perchè semo gente bona	denn wir sind gute Leute,
brava, semplice e cortese	anständig, einfach und höflich,
che te mannano a far fotte	die dich zum Kuckuck wünschen
diecimila vorte ar mese.	zehntausendmal im Monat.

In diesen Reimen des Rugantino ist wahrhaftig die ganze Philosophie der Römer enthalten, Pfeffer und Salz, Stolz und Gleichgültigkeit. Manche sagen von Rom, es sei *una città sfaticata,* eine träge Stadt; die Leute gehen mit langsamerem Schritt als in Mailand, wo alle ihren Geschäften nachlaufen . . . aber Rom hat die Jahrhunderte hinter sich und hat sich im Laufe der Jahrhunderte ein Gefühl für die Flüchtigkeit des Lebens erworben – deshalb denkt der Römer gar nicht daran zu rennen; er weiß, daß alles kommt und vorübergeht.

Aus Rom sind zwei der besten Mundartdichter, Belli, der von seinen Mitbürgern und auch von manchen anderen mit wahrem Fanatismus und Stolz verehrt wird, und später dann Trilussa. Den campanilistischen Geist, in diesem Fall zwischen Rom und Mailand, finden wir auch darin – Mailand besingt die Madonna auf seinem Dom: *»Oh mia bella madonnina che ti domini Milan«* – »Die Madonna steht hoch über der großen Stadt«, oder in einem anderen *»Milan e poeu pu«* (etwa: »Milano, und danach nichts mehr«, so wie: *»Vedi Napoli e poi mori«* – »Neapel sehen und sterben«). Der Mailänder ist stolz auf seine Stadt, auf die

Tatsache, daß sie groß ist und große Dinge vollbringt, und dieses Gefühl finden wir eben in den Liedern und in den Redensarten ausgedrückt. Hören Sie dieses: Ein Römer gibt einem Mailänder *una sciarada*, ein Silbenrätsel auf und sagt:

»Mein erstes ist RO,
mein zweites ist MA –
das Ganze ist eine große Stadt«,

worauf der *meneghino* prompt antwortet: »Das ist Mailand« (*meneghino* ist ursprünglich der Name der Mailänder Figur aus der *Commedia dell'arte*, der jetzt im allgemeinen auf den typischen Mailänder angewendet wird).

Das richtige Rom ist dagegen das volkstümliche, mundartliche, das von *Trastevere* und vom *Campo dei Fiori*, *quella delle scampagnate*, das der Ausflüge aufs Land, *delle ottobrate* (das sind die Ausflüge im Oktober, zur Weinlese) oder

a far pasquetta (Pasquetta ist der zweite Osterfeiertag, an dem es üblich ist, Ausflüge aufs Land zu machen) und *ai castelli* (die berühmten *Castelli Romani* sind damit gemeint) – da offenbart sich erst richtig der römische Geist und hallt wider in den Worten von »*Nannì nannì . . .*«

Aber die Zeit drängt uns, und wir müssen wieder in unseren kleinen, stillen Zug steigen, um unsere Wanderung, die uns von einem Ende zum anderen der Halbinsel gebracht hat, wiederaufzunehmen – diesmal geht es nach Süden.

Im Norden und im allgemeinen überall in Italien wird man sagen, um irgendeine beliebige Person zu bezeichnen, so wie in Deutschland Hinz und Kunz: *Tizio, Caio e Sempronio*, in Sizilien dagegen gibt es zu diesem Zweck *il signor Filano e Martino*. Noch mit einem anderen Ausdruck, der überall gültig ist, kann man einen *tizio*, nämlich irgendeinen, der keine besondere Bedeutung hat, bezeichnen, das ist

Pinco Pallino.

Achten Sie darauf, daß im Süden das Wort *villa*, das Sie ja schon kennen, nicht ein Haus, ein Landsitz ist oder ein kleines Haus am Rande der Stadt, sondern ein Park, ein öffentlicher Park, der in anderen Städten *giardino pubblico* oder häufig in der Mehrzahl *giardini pubblici* genannt wird. *Andiamo in villa* heißt also soviel wie *andiamo nei giardini pubblici.* In Sizilien bedeutet zum Beispiel auch *tovagliolo,* womit sonst eine Serviette gemeint ist, Handtuch.

So finden wir auf dieser Insel, auf der, wie wir schon sagten, so viele Fremdherrschaften und Kulturen einander wie Wellen gefolgt sind, unter den vielen Spuren, die die Zeiten hinterlassen haben, eine, die offenbar aus der Zeit der muselmanischen Herrschaft herrührt – und das war eine Epoche, in der Palermo unter den Fatimiti eine blühende Stadt war mit etwa 300 000 bis 350 000 Einwohnern; heute sagt man, genau wie damals, denke ich, und man hört es als Ausdruck des Mitleids und des Erstaunens für einen Mitmenschen: *»povero cristiano«* (»armer Christenmensch«); man kann sogar von einem Dienstmädchen hören, das einen ihr Unbekannten anmeldet: *»venne un cristiano«,* was soviel heißt wie: »Draußen ist ein Christenmensch, ein unbekannter Fremder.«

Il festino wäre für einen Bewohner Nord- und Mittelitaliens ein kleines Fest im Hause, um irgendeine besondere Gelgenheit zu feiern, in einer zahlreichen Gesellschaft von Verwandten und Freunden; in Sizilien dagegen ist das Fest, das ein Dorf oder ein Stadtviertel – meist eines der volkstümlichen – seinem Schutzpatron oder seiner Schutzpatronin widmet. In Palermo ist *la santuzza* die Stadtheilige Santa Rosalia, die Beschützerin der Stadt. Wenn Sie durch die von Hunderten von bunten, an Girlanden aufgehängten Lämpchen erleuchteten Straßen gehen, an den Buden voller Süßigkeiten vorbei, an den kleinen Altären, auf denen ein ganzer Wald von Kerzen zittert, werden Sie hier und da durch das Stimmengewirr der Menge hindurch wie kleine Schreie der Bewunderung hören: *»Talia, taliassi!«* (Infinitiv *taliari,* von dem arabischen Wort *talea* = Späher, Beobachter). Zerbrechen Sie sich nicht den Kopf, um die verborgene Bedeutung dieser Worte herauszufinden – sie sind auf sizilianisch dasselbe wie: *Guarda, guardi!* (also: Schau, schauen Sie!). Und wenn ein Freund etwa zu Ihnen sagt: *»Ho puntato una macchina«* oder:

»L'ho puntato per le quattro ai quattro canti di città«, dann vergessen Sie bitte, daß *puntare* eigentlich zielen heißt, denken Sie lieber an *appuntamento*, denn es ist gemeint, daß er einen Wagen bestellt hat oder, im zweiten Satz, daß er für vier Uhr eine Verabredung an den *Quattro Canti* (einem Punkt im Herzen von Palermo, wo sich zwei wichtige Straßen kreuzen und so vier architektonisch hervorgehobene Ecken bilden) getroffen hat.

Ruhen wir uns nun einen Augenblick aus in der Villa Giulia – und denken wir daran, daß wir in Palermo sind und es sich nicht um das Haus von einer Frau Giulia handelt, sondern um einen Stadtpark, den botanischen Garten nahe am Meer, in dem Goethe seltene Pflanzen studierte und seine Theorie über die Urpflanze formulierte – nutzen wir diesen Aufenthalt, um einige italienische Vornamen und ihre Abkürzungen kennenzulernen, denn auch nach diesen Namen kann man mit einer gewissen Sicherheit feststellen, ob einer aus dem Süden stammt oder aus anderen Gegenden. Der Gastfreundschaft wegen wollen wir eben in Sizilien beginnen, das eine wirklich typische und charakteristische Serie von Namen hat, so zum Beispiel die männlichen Vornamen *Totò* und

Turiddu, Abkürzungen von *Salvatore; Alfio; Totonno* von *Antonio; Rocco; Mimì* von *Domenico*. Die Mädchennamen *Santa, Santina, Santuzza; Assunta; Tina* und *Concettina* von

Concetta; in Neapel und in der Campania, vor allem in dem Gebiet um die Stadt herum ist der Name *Gennaro* sehr verbreitet, von *San Gennaro*, dem Schutzheiligen der Stadt, aber auch *Nicola* mit der Abkürzung *Cola* und *Carmelo* oder *Carmela*, ebenso *Angela* oder *Angelina*. Überall in Italien, besonders aber auch im Süden, hört man *Giuseppe* mit seinen verschiedenen Abkürzungen und Kosenamen, wie *Beppe, Beppino, Peppino, Pino;* in Sizilien – wer erinnert sich nicht an den Namen aus dem Film *»Divorzio all'italiana«?* – heißt es *Pepé*, während in Neapel und Rom mehr *Peppino* und *Beppino* gebräuchlich sind. Aus der Toskana stammen zum Beispiel *Cino* von *Guido* und *Vanna* oder *Vanni* von *Giovanna* und *Giovanni*, während aus Giovanni anderswo *Nanni* oder *Gianni*gemacht wird. Typisch venezianisch sind *Todaro* von *Teodoro* und der schöne Name *Alvise*, der nichts anderes ist als die venezianische Form von *Luigi* (denken Sie an die süddeutsche Form des Namens Aloys) – er klingt sehr schön und klang damals sicher noch schöner, als er der Name von Dogen war, die ja, wie Sie wissen, *i duchi* (Herzöge) von Venedig waren!

Dazu noch einige, die in ganz Italien geläufig sind: *Rino* von *Vittorio*, *Rina* von *Caterina; Lina* von *Carla; Mimì* von *Emilia* oder *Emma; Cesira* im Norden; *Pina* und *Nuccia* von *Giuseppina; Puccio* von *Jacopo* und *Giacomo; Gigi* und *Gino* von *Luigi; Momo* von *Girolamo* und *Nino* von *Ugolino*.

Es ist selbstverständlich, daß hier nur die typischsten Namen genannt werden konnten und daß die allgemein bekannten absichtlich weggelassen worden sind. Eine besondere Eigenschaft der im Süden gebräuchlichen Namen – es ist leicht zu merken – ist, vor allem bei Mädchennamen, die große Anzahl derer, die sich auf Beinamen der Gottesmutter oder des Erlösers beziehen, wie zum Beispiel *Concetta* (die Unbefleckte Empfängnis), *Assunta* (die zum Himmel aufgefahrene Maria), *Salvatore* (der Erlöser, Heiland) und so weiter.

Es ist Zeit, diesen Aufenthalt zu beenden, der in diesem schönen Park länger als vorgesehen gedauert hat, wir müssen uns beeilen, denn alte Freunde erwarten uns zu einer

rimpatriata. Wie Sie, so waren auch wir im ersten Augenblick unsicher, was damit gemeint sein könnte. *Rimpatriare* bedeutet »in das Vaterland zurückkehren«, also? *Fare una rimpatriata* heißt einfach, ein Wiedersehen mit Freunden nach langer Abwesenheit zu feiern. Dieser Ausdruck ist in Sizilien üblich. Gehen wir also . . . Unterwegs will ich Ihnen aber noch ein paar typische und besonders lustige Triestiner Ausdrücke sagen. Man sollte meinen, daß man in meiner Stadt eine besondere Vorliebe für *i muli* (Maultiere) hat, denn man hört sie wirklich fortwährend nennen, vor allem von jungen Leuten.

»Le mule«, »che bele mule« oder auch *»bei muli«* – was wird wohl damit gemeint sein? Nichts anderes als: »hübsche Mädchen« »nette Jungens«! Sehr oft werden auch *i matti* (die Verrückten)

genannt, zum Beispiel: *»el mato ha fatto cosi«* oder ähnlich, wobei *»mato«* (in Venezien und Triest werden nie die Doppelkonsonanten gesprochen) nur heißen soll »jener« oder »der da«. Immer noch in Triest: Wenn Sie im Gespräch sind, und Ihr Gesprächspartner versteht nicht gleich, was Sie gesagt haben, kann es vorkommen zu hören:

»Comandi?« – was wörtlich übersetzt heißen würde: »Zu Befehl« – in Wirklichkeit aber bedeutet es nur: »Wie bitte?« Daß in der Sprache eine besondere, jeder Gegend eigentümliche Art zu denken und zu fühlen durchscheint, zeigt sich auch in diesen Ausdrücken: *»lasciate perdere«*, *»non t'impicciare«*, *»stateve buono«*, *»pensa alla salute«* – hier enthüllt sich der unbekümmerte und gutmütige Geist, gewürzt mit einer Prise Philosophie, der unter dem Himmel Neapels und unter seiner großzügigen Sonne wächst; es sind Aufforderungen, nicht allzu streng zu sein und sich in den Entscheidungen und Maßnahmen nicht zu versteifen – *»lasciate perdere«* hat eine ganze Skala von Bedeutungen: nicht ernst nehmen, verzeihen, nicht davon sprechen, gewisse Dinge nicht berühren und so weiter; *non t'impicciare* ist eine Aufforderung, sich in eine Angelegenheit nicht einzumischen, keine Kenntnis davon zu nehmen, und *»statevene buono«* schließlich soll keine Ermahnung sein, sich gut zu betragen, sondern ebenso wie *»pensate alla salute«* heißt es etwa: »Laßt es euch gut gehen«, denn Gesundheit ist alles, Krankheit gehört zu der menschlichen Schlechtigkeit, sie ist wie ein Mangel oder eine Schuld; *statevene buono* oder *statti buono* wird auch als Gruß gebraucht, wie das »vale« oder »valete« der alten Römer. Im Süden ist das Glück arm und doch sehr real, es macht reich, eben weil es aus nichts gemacht ist und so wahrer, innerlicher sein kann.

Viele Äußerlichkeiten täuschen – so erweist sich für die Süditaliener die Charakterisierung mit dem *»dolce far niente«* sehr oft als unrichtig; ich möchte sagen, daß es einer jener Ausdrücke ist, die oberflächlich angewendet werden und ungerecht leichtsinnig verallgemeinern. Man muß hinter die Fassade schauen können, und vor allem diese fremde und andersartige

Welt kennenzulernen suchen, was nicht leicht ist, wenn man es im Vorübergehen tun will. Ein Schriftsteller aus dem Süden – war es Brancati oder Alvaro? – es gab in dieser Nachkriegszeit eine ganze, wunderbare Blüte der süditalienischen Literatur – sagte, daß »selbst in der Unbeweglichkeit eines Bettlers vor dem Dom von Catania mehr Bewegung ist als im Krater des Ätna am Tag des Ausbruchs«. Hier ist das Paradoxe gewollt, weil die Wahrheit darin verborgen ist und die Notwendigkeit offenbar macht, einen tiefen Blick für Menschen und Dinge zu haben. Wenn jeder Mensch, wenigstens in bestimmten Augenblicken, von Widersprüchen gekennzeichnet ist, wenn diese Seite des menschlichen Charakters natürlich für die Italiener im allgemeinen gilt, so für die Süditaliener im besonderen. In Süditalien sind diese Widersprüche offensichtlicher, und die Extreme berühren sich, so stark sind sie: Großzügigkeit, Leidenschaftlichkeit, Härte, Liebe, Stolz und Haß, Religiosität und Aberglaube, und all dies zusammen ... Denken Sie nur an die Redewendungen:

»Mi offendo, se non accettate ...«, »Mi fate un torto se non venite ...«, »Gli amici dei miei amici sonso miei amici ...« (»Ich bin beleidigt, wenn ihr nicht annehmt ...«, »Ihr tut mir unrecht, wenn ihr nicht kommt ...«, »Die Freunde meiner Freunde sind auch meine Freunde ...«), was natürlich alles auch umgedreht werden kann.

Il paese è piccolo e la gente mormora ist eine scherzhafte Redensart, die bedeutet, daß man überall der Kritik der anderen ausgeliefert ist, vor allem natürlich, wenn die Stadt oder das Dorf, in dem man wohnt, klein ist. Dieser kleine Satz zeigt viel von der Bindung an das Urteil der Nachbarschaft, an die anderen. Anderswo sagt man dagegen:

»Da noi a queste cose non ci si fa caso, non ci si bada«, »Bei uns achtet man nicht auf solche Dinge, man kümmert sich nicht darum« – nämlich um das, was die anderen denken oder sagen. Süden oder Norden, *Meridione o Settentrione,* die Geographie mit ihren Breiten- und Längengraden hat ihren Teil zu sagen, wenn es darum geht, wer in dieser oder jener Gegend aufgewachsen ist

oder wohnt. Italien ist geeint, seit langem nun schon, wenn auch noch nicht allzulange; das Land: *L'Italia è fatta – gli italiani – quasi* (die Italiener – fast): »Was dem Welfen-Papst nicht gelang noch dem Messias-Kaiser Alighieri oder einem der Fürsten Machiavellis, der piemontesischen Bürokratie von Cavour oder den *federali* von Mussolini, gelingt der Kultur der Konsumgüter und dem Fernsehorakel: Nicht mehr lange, und die Italiener als einheitliches Volk werden die gleichen Sitten, Gebräuche und Ideale haben von den Alpen bis Sizilien, sie werden sich alle so kleiden, so denken, essen und sich amüsieren, wie es der Fernsehapparat vorschreibt.« »Es mag paradox erscheinen, daß man mit soviel politischem Interesse von den Regionen spricht, eben jetzt, wo die regionalen Kulturen im Absterben begriffen sind. Aber so ist es: Das fleißige und preußische Piemont, das mitteleuropäische Venetien und die Lombardei, die Isolation in der Toskana, die feudale Korruption im Süden, der barbarische Stolz der Inseln scheinen dazu bestimmt, sich in einem einzigen Italien der Autos, der Reklame und des Coca-Cola aufzulösen. In der Zwischenzeit werden die Binnenwanderungen die letzten Verschiedenheiten des Blutes ausgelöscht haben, die Nachkommen der Langobarden, Ligurier, Gallier, Römer, Sabiner, Schwaben, Griechen, Etrusker und Araber werden in einer schwindelerregenden Mischung einen Typ des Italieners geschaffen haben, der so zusammengesetzt ist, daß er undifferenziert erscheint . . .« So weit Giorgio Bocca in seinem »Miracolo all'italiana«. Ist das gut, ist es ein Übel? Gewiß, liebe Freunde, wer Italien nicht kennt, sollte bald gehen, um es noch in seinen verschiedenen Teilen kennenzulernen, so wie es heute noch ist, ehe die neue Kultur alles zu sehr vereinheitlicht und das, was die eigentümlichen, volksgebundenen Charakteristika sind, erstickt hat, die mit den uralten Olivenhainen gewachsen sind, trocken wie die Flußbetten gewisser Sturzbäche des Südens, überraschend wie das Geschenk des Sila, das uns am letzten Ende der Halbinsel unerwartet alpine Oasen dichter Wälder bietet. Vielleicht wird auch einmal der Campanilismus verschwinden, äußerlich sicher, aber in den Herzen wohl kaum.

In den Herzen wird es sein, wie es Malaparte in einem Abschnitt eines Buches sagte, das er vor genau zehn Jahren geschrieben hat, der mir wichtig erscheint, weil er so bezeichnend ist. Treten wir also mit Malaparte in eine Dorfschenke der Romagna ein . . .

». . . da steht, an die Theke gelehnt, ein großer, starker Mann mit gerötetem Gesicht, zerzausten, schon etwas ergrauten Haaren, mit einer schwarzen Krawatte à la Lavallière, die ihm auf seinem weißen Hemd auf der Brust umherflattert. Er vertraut mir schließlich an, daß er Kommunist ist. Ich frage ihn, warum er, wenn er doch Kommunist ist, eine schwarze Krawatte trägt und nicht eine rote; wenn ich nicht irre, trugen früher die Republikaner so eine schwarze Lavallière-Krawatte in Romagna; da vertraut mir der Mann an, daß auch er bis vor kurzer Zeit Republikaner gewesen ist. ›Jetzt bin ich Kommunist geworden, aber ich bin Mazzini treu geblieben. Ich bin Kommunist von den Füßen bis zum Hals, von der Krawatte bis oben bin ich

Republikaner geblieben.‹ ›Und das Herz?‹ frage ich ihn. ›Ist es republikanisch oder kommunistisch?‹ Der Mann schaut mich unsicher an und berührt mit der Hand seine Brust, als ob er sein Herz streicheln wollte: ›Man sieht, daß Sie nicht aus der Romagna sind‹, antwortet er, ›denn wenn Sie aus dieser Gegend wären, wüßten Sie, daß wir wohl unsere Ansichten ändern können, aber unser Herz ändert sich nicht. Unser Herz heißt Romagna!‹ Worauf ich ihn mit scheinheiliger Miene frage: ›Ich dachte, es heißt Italien?‹ Der Mann schaut mich verdutzt an, dann sagt er, fast um sich zu entschuldigen: ›Wissen Sie, wir reden hier Dialekt und im Romagnoler Dialekt sagt man für Italien eben Romagna!«

Wenn Sie, liebe Freunde, schon in Italien gewesen sind, werden Sie es gewiß bemerkt haben, wenn nicht, so werden Sie es sehen, sobald Sie hinkommen: ein schönes rotes Band. Sie sehen es etwa in Sizilien, am Lenker der Fahrräder oder Motorräder, oder am Pferdegeschirr eines buntbemalten *carretto*, jedoch auch in Mailand, über dem Schaltbrett im Auto, dort wo gewöhnlich die niedlichen, glückbringenden Tierchen hängen. Was aber soll dieses Band oder Bändchen nur bedeuten? Es ist eines der Zeichen, die wie ein Gegengift gegen

il malocchio, la fattura, la jettatura – nennen wir es im Deutschen kurz den »bösen Blick« – wirken sollen. Es ist nur einer der verschiedenen Talismane, ein zwar auffallender, aber doch bescheidener, der aber für die, die daran glauben, die Macht hat, alle möglichen schädlichen Einwirkungen oder Unglücksfälle abzuhalten. Wenn Sie im Gespräch Fragen stellen, um Auskünfte darüber zu erhalten, werden Sie nur eine abwehrende Antwort erhalten, ein paar verlegene und ausweichende Sätze oder das traditionelle *non si sa mai . . .!* »Man kann nie wissen . . .!«

Aber wenn auch das Band dazu verhelfen kann, eine geheimnisvolle Macht abzuwehren, die uralt sein soll, und die aus dem Nichts entsteht, die aber auch den Augen eines unserer Mitmenschen entströmen mag, der vom Willen des Schicksals zu solchem Unheil vorbestimmt ist, so braucht es doch etwas mehr, um den Kreis zu durchbrechen, der solch eine gefährliche Quelle des Unglücks umgibt . . . Dieser vom Schicksal erwählte ist *il jettatore,* derjenige, der über die Macht des bösen Blickes verfügt, denn *jettatura* leitet sich von dem Wort *gettare* = werfen, ab. *Il jettato* ist das Opfer der *jettatura,* der Unglückliche, der vom bösen Blick getroffen und verfolgt wird, also von dem unheilvollen Einfluß, der von dem Blick einer bestimmten Person angeblich ausgehen soll. Meist sind es Männer, die sich im Besitz dieser sonderbaren Macht befinden . . .

In Mailand wird diese Person – wir werden bald sehen, woran man sie erkennen kann – *menagramo* genannt, in Rom *portajella,* aber der Ausdruck *aver jella* hat mehr den Sinn von »Pech haben«: *aver una jella spietata* = eine Pechsträhne haben, vom Unglück verfolgt sein. Im Norden sagt man für einen, der Unglück bringt, *è un portascalogna.* Hier hat die Reihe von Ausrufern ihren Ursprung, mit denen man sich über das Pech beklagt, von dem man verfolgt ist: *che scalogna! che jella!* (in Rom) *che pegola!* (in Triest). Aber stärker als alle, von allen mehr gefürchtet und als Autorität anerkannt ist – oh, was für ein schreckliches Thema! – *il jettatore.* Seine Heimat ist Neapel, doch kann man ihn überall antreffen; also, nehmen Sie sich in acht vor dem *jettatore!* Aber wie? Bewaffnen Sie sich mit Hörnern, kleinen Hörnern aus Korallen, denn rot ist eine heilsame Farbe, und bewahren Sie sie immer in Reichweite auf; sie haben etwa die Wirkung von Blitzableitern und halten die Strahlen fern, die etwa von gefährlichen Augen ausgehen könnten. Besonders glücklich ist der dran, dem es gelungen ist, sich diese Hörnchen von einem *jettatore* selbst schenken zu lassen. Sie werden sehen, daß die ganz Klugen in Italien eine Kette tragen, von der in holder Eintracht ein religiöses Symbol und ein Horn – *un cornetto* – herabhängt . . . Natürlich muß man über diese »Blitzableiter« hinaus, die dazu dienen, den Zauber abzuwenden = *che sono per scaramanzia,* immer bereit sein, mit einer ganzen Reihe von *scongiuri* = Beschwörungen zu reagieren.

Fare gli scongiuri bedeutet, eine aktive Haltung der Gefahr gegenüber einzunehmen, und *facciamo le corna* = zeigen wir die Hörner, auf daß diese Ihnen nicht begegnen möge und Sie es nicht nötig haben, von einem kurzen Anruf alarmiert zu werden: *»tocca ferro!«* (= faß' etwas Eisernes an), *per fare le corna,* um die Hörner zu zeigen, was, den Experten auf diesem Gebiet zufolge, sehr wirkungsvoll sein soll . . . Man gebrauchte übrigens für diese Geste den Zeigefinger und den kleinen Finger einer vorgestreckten Hand. Verwechseln Sie diese Hörner nun aber bitte nicht mit den Hörnern, die man der Ehefrau oder dem Ehemann aufsetzen kann, denn *fare le corna al marito* (oder *alla moglie*) heißt, wie Sie wissen, ihn (oder sie) betrügen . . . Die Hörner aber, die wir im Augenblick der Gefahr zeigen, jener Gefahr, ein Opfer des *jettatore* zu werden, sind Hörner, die der Verteidigung dienen und die durchaus erlaubt, ja, sogar ratsam sind. Man sagt übrigens auch, daß eines der Mittel, die dazu dienen, sich vor dem

malocchio zu schützen, darin besteht, sich an einem bestimmten Teil des männlichen Körpers zu berühren und zu kratzen . . .

Auf jeden Fall ist der Gebrauch der Hörner uralt und bestimmt wirksam, wenn soviele sie auf dem Kopf oder am Kettchen tragen (!), so, wie auch *un ferro di cavallo* = ein Hufeisen empfehlenswert ist. Wem es ein bißchen unbequem dünkt, es bei sich zu haben, der kann es dafür über der Haustür aufhängen. Ausgezeichnet für alle Fälle und immer zur Hand ist schließlich ein Schlüsselbund.

Italien ist zwar kein Land, in dem überall Hexen anzutreffen sind, dennoch ist es eine sympathische Gegend, in der allenthalben die Gefährten der nordischen Hexen, die Katzen, in großer Anzahl leben und sich vermehren, und von diesen sind viele schwarz. Machen Sie also lieber einen Bogen, wenn eine davon Ihre Straße überquert; vor allem nachts . . . Man kann nie wissen! Und wie die Katzen, so schwarz wie diese, lebt in jeder Stadt, gefürchtet und gemieden, mindestens ein

jettatore; er ist von düsterem Aussehen, hat eine Leichenbittermiene, ist schwarz gekleidet, hager, bebrillt – kurzum, eine unheilverkündende Gestalt. Wenn Sie mehr darüber wissen wollen, lesen Sie die Novelle und den Einakter von Pirandello »La patente« oder manche Stellen aus den Büchern von Marotta. Es wird Ihnen vielleicht auch einmal passieren, daß Sie in irgendeiner Stadt der Halbinsel eine namhafte Persönlichkeit erwähnen und man Ihnen das Wort abschneidet. Sie werden dabei zu Ihrem Erstaunen sehen, wie alle Anwesenden ganz schnell die Beschwörungszeichen machen, die ich Ihnen beschrieben habe . . .

Natürlich glaube ich nicht an all diese Dinge und behaupte, daß es reine Bosheit ist, mit der man sich über eine Person lustig machen will, doch wenn Sie es durchaus wissen wollen (ich sage es ganz leise): Eigentlich meine ich ja auch: *»Dio ce ne scampi e liberi* . . . (Gott bewahre uns davor . . .); *»per l'amor di Dio, non scherziamo su queste cose«* = um Gottes willen, damit wollen wir nicht spaßen . . .

»io non sono superstizioso . . . però . . .«, ich bin ja nicht abergläubisch, aber . . . Man kann ja nie wissen . . .!

Trotz allem, *l'abito non fa il monaco* = Kleider machen Leute, sagt man im Deutschen. Sie sehen, wie sich in diesem Sprichwort der Italiener als Skeptiker erweist. Im Unterschied zum Deutschen glaubt er nicht an den Schein! Und da wir nun schon bei den Widersprüchen sind – hier noch einer: Die Zahl 13 ist in Italien im allgemeinen eine glückbringende Zahl; in den Hotels wird das Zimmer mit dieser Nummer nicht fehlen, wie in Deutschland. Aber die 17, oh nein, an diese Zahl wollen wir lieber gar nicht erst denken!

Passen Sie ja auf, wenn der siebzehnte ist, und dazu noch ein Freitag! Denn schlimmer kann es dann gar nicht sein. Schließen wir diesen Abschnitt mit einem Sprichwort, das Sie warnen soll:

nè di venere, nè di marte
ci si sposa oppur si parte!
Weder freitags noch dienstags
heiratet oder verreist man!

7

LIEBE – MIT ODER AUCH OHNE PHANTASIE

»Quant'è bella giovinezza . . .«

Nie hat man soviel wie jetzt von der Liebe in Italien gesprochen, fast als ob man in Italien nichts anderes zu tun hätte, als zu lieben. In Wahrheit sind der blaue Himmel – Wolken und Regen gehen schnell vorüber – und die angenehme und willkommene Wärme der Sonne sehr dazu geeignet, die Herzen oder das Blut zu erhitzen, und so entstehen viele Liebesgeschichten . . . Gewiß sind sie mitnichten so anzüglich und unterhaltsam wie diejenigen, die uns Boccaccio in seinem »Decamerone« erzählt, und auch nicht so köstlich geistreich und abenteuerlich, wie die des berühmten Cavaliere Casanova . . . Italienisch jedoch sind sie auch und deshalb nicht anders als gefühlvoll und lärmend. Mandolinen trillern jetzt zwar nicht mehr und auch die Gitarren sind selten geworden, aber die Schlager, die mit voller Lautstärke aus den Lautsprechern schallen, sind noch voll von süßlichen und pathetischen Sätzen der Liebe, die immer ewig sein will in ihren Versprechungen. Wie oft aber bewahrheitet sich ein Spruch aus der Renaissancezeit – in Italien wie überall – der sagt:
L'amore fa passare il tempo e il tempo fa passare l'amore. Die Liebe vertreibt die Zeit, und die Zeit vertreibt die Liebe.
Und so kann diese ersehnte und vielbesungene Liebe, die, wenn sie echt ist, aus der Sympathie erwächst, sich am Ende sogar in Haß verwandeln. Sich mit der Liebe einzulassen, sich zu verlieben, ist immer ein gefährliches Spiel, auch wenn es ernst gemeint ist. Eine der schwersten Hypotheken, die auf Italien lasten, besteht darin, daß man es für das Land der Liebe par excellence ansieht. Gewiß ist Italien ein Winkel dieser Erde, wo die Liebe mehr besungen, mehr gepriesen, öfter erlebt und stärker abgenutzt wurde als anderswo, so daß es zu einer »Inflation« der Liebe kommen mußte.

»L'amor che muove il sole e l'altre stelle« – Liebe, die bewegt die Sonne und Sterne. Hier ist die Liebe als göttliche Macht von Dante hoch besungen, und die italienischen Dichter des 13. Jahrhunderts, des *»dolce stil novo«* loben *»Al cor gentile ripara sempre amore . . .«* (In edle Herzen flüchtet sich die Liebe) und *»Amor, che al cor gentile ratto s'apprende«* (Liebe, die edlem Herzen schnell sich lehrt). Das ist die Liebe, die wie ein Blitz aus heiterem Himmel trifft. Hier beginnt das Spiel der Liebe, die Amoretten fliegen mit verbundenen Augen, um blind ihre Pfeile abzuschießen.

Sehen wir uns nun die Sprache an, die die Worte dafür in Honig, in Balsam oder in Gift verwandelt.

amore – ein Wort mit tausend Bedeutungen und Nuancen, es heißt Liebe, tiefe Zuneigung – ein Wort mit der größten Spannweite.

amore – Liebling, Gegenstand der Liebe.

è un amore – wenn ein Kind gemeint ist, was sehr häufig der Fall sein kann, bedeutet es, »es ist süß, wonnig«. Wenn sich jedoch dies *»è un amore«* auf ein junges Mädchen bezieht, kann es auch noch mehr bedeuten!

questo vestito ti sta che è un amore, dieses Kleid steht dir entzückend!
amor mio = mein Liebes, Geliebte du! oder ganz einfach – du!
fare qualcosa con amore, mit Liebe, mit Sorgfalt etwas tun.
l'amante kann ein weibliches oder ein männliches Wesen sein – die oder der Geliebte.
affetto bedeutet ebenfalls Liebe, doch mehr die Liebe unter Verwandten, auch Freunden, jede Regung der Seele, die von einem Menschen hervorgerufen wird, ein Impuls der Seele, Gefühl, Zärtlichkeit.
con affetto, parlare con affetto, affettuosamente = liebevoll sprechen.
le tue affettuosità mi toccano e te ne sono grato, deine Aufmerksamkeiten, deine liebevollen Gedanken rühren mich, und ich bin dir dankbar dafür.

In einem Brief bedeutet
ti saluto molto affettuosamente etwa: mit vielen lieben Grüßen, also nur an Personen, denen man
in affetto verbunden ist!
Suo affezionatissimo . . . (oder *aff.mo)* = Ihr herzlich ergebener . . .
Tra di loro c'è un grande affetto = sie mögen sich sehr gern,
lei è tanto affettuosa, sie ist so liebevoll.

Kehren wir zurück zu *amore:* so beginnt die echte Liebe, oder auch die, von der man glaubt, oder glauben will, daß sie es sei:
stare dietro, hinter jemandem her sein . . . Und das ist der erste Schritt. Der Ausdruck wird, wie im Deutschen, auch übertragen angewandt:
le sta dietro dal primo giorno = vom ersten Tag an war er hinter ihr her. Um das *»star dietro«* in der Praxis auszuführen, verwenden wir das Verb:
pedinare (darin steckt natürlich *il piede* = der Fuß) = jemandem heimlich nachgehen, ihn verfolgen;
quel bel tipo mi ha pedinato per ore = dieser Kerl hat mich stundenlang verfolgt.

Es gibt jedoch noch ein anderes Verb, das diesem Geplänkel der sogenannten Liebe vorausgeht und das alles Übrige verursacht; es heißt:
adocchiare (darin steckt *l'occhio* = das Auge) = ins Auge fassen,

sein Augenmerk auf etwas richten, mit den Augen auswählen; dies setzt aber die Absicht der Suche voraus, es kommt nicht plötzlich aus heiterem Himmel, wie der berühmte *colpo di fulmine*, der Blitzschlag, der eine übermächtige Leidenschaft entzündet . . .

In beiden Fällen, sowohl nach dem geduldigen *star dietro* und *pedinare*, als auch dem *adocchiare*, oder wenn Sie den Fall der plötzlichen, unbeabsichtigten Begegnung zweier Herzen annehmen wollen, muß hierauf eine entschlossene Handlung folgen:

l'abbordaggio (wörtlich: entern); ansprechen, die Bekanntschaft machen;

abbordare una donna = sich einer Frau auf irgendeine Art nähern, etwa:

avviando una conversazione, indem man eine Unterhaltung in Gang bringt; oder

facendo finta di interessarsi del suo cagnolino, indem man vorgibt, sich für ihren Hund zu interessieren;

far finta, fingere = vorgeben, so tun als ob.

Es versteht sich von selbst, daß es auch ganz anders kommen könnte; das ersehnte Mädchen kann etwa

una civetta, eine kleine Kokette sein, und wünscht selbst

di intavolare una conversazione, ein Gespräch zustande zu bringen, um nicht allein zu bleiben und verwendet so die uralte Kunst

del civettare = s Kokettierens, während

il donzello = der junge Herr (heute scherzhaft) seinerseits,

fa il cascamorto = den Schwerenöter, den Schürzenjäger spielt, oder

lo svenevole = den Affektierten, oder, einfacher und deutlicher ausgedrückt:

il galletto, wörtlich: das Hähnchen; den Weiberheld. Mancher versteht es,

bruciare le tappe, wörtlich: die Etappe abzubrennen, also gleich zum Ziel zu kommen. Von solch einem kann man sagen:

è uno che ci sa fare, das ist einer, der seine Sache versteht –;

saperci fare = seine Sache verstehen (auch in anderen Zusammenhängen üblich); ein anderer

va solo a colpo sicuro = will erst seiner Sache sicher sein;

fare qualcosa a colpo sicuro, andare a colpo sicuro = seiner Sache sicher sein, ehe man etwas beginnt.

Wenn alles klappt, und die Amoretten fröhlich in den Lüften schweben, können wir sagen:

fra quei due c'è del tenero = die beiden haben etwas miteinander, oder:

quelli se la intendono = diese sind sich einig;

per lui ha perso la testa = sie hat für ihn den Kopf verloren. Das Dumme ist, daß ein Er für eine Sie nie den Kopf verliert, aber von ihm kann man dafür sagen:

ha preso una cotta;

è innamorato cotto, è innamorato pazzo = er ist bis über beide Ohren verliebt, oder einfacher:

è cotto (eigentlich heißt das »er ist gar gekocht«!) oder, mit der gleichen Bedeutung:

ha preso una scuffia.

Das Verb, das man in diesem Zusammenhang am wenigsten gebraucht, ist eigentlich *innamorarsi* = sich verlieben, weil es zu banal erscheinen würde. Man sagt dafür beispielsweise:

incapricciarsi (von *capriccio* = Laune),

e se quella ci sta = und wenn sie (das Mädchen) mitmacht, dann kommt es zum

amoreggiare = lieben, tändeln (Liebe als Zeitvertreib); oder

fare all'amore; wörtlich heißt es eigentlich: »Liebe als Spiel betreiben«, d. h. sich lieben; oder

fare l'amore = die Liebe ausüben. Womit alles gesagt ist!

In Sizilien gibt es den Ausdruck:

fare carrozzella, was bedeuten soll, daß zwei, die sich lieben und heiraten wollen, aber nicht die Zustimmung der einen oder der anderen Familie erlangen können, auf einmal, oft sogar mit der Zustimmung des anderen Teils der Verwandten, eine Art Flucht in der *carrozzella* = Kutsche unternehmen und wissen lassen, daß sie nicht zurückkehren werden, bis sie das ersehnte Einverständnis der Eltern erlangt haben. Vor dieser Drohung, die eine große Schande für die Familienehre darstellen würde, wird die Zustimmung meist schnell gegeben, und alles endet gut und vor dem Pfarrer. Das Verb

traviare = verführen ist in unserer dynamischen Welt, in der es die Gleichberechtigung gibt oder in der man immerhin danach strebt, sie zu erreichen, fast außer Gebrauch gekommen. Nur in die Oper geht man doch, um die romantischen Arien aus *La Traviata* von Verdi zu hören. Doch kehren wir zurück zu den

bollenti spiriti = erhitzten Gemütern – aus Liebe, versteht sich – der jungen Burschen, die, wenn sie ausdrücken wollen, daß ein Mädchen ihnen sehr gut gefällt, sagen werden:

mi piace un frego, mi piace un fottìo, mi piace un pozzo. Man kann diese Sätze jedoch auch in Beziehung auf andere Dinge hören und anwenden, sie sind aber Jargon.

Einen leichten Erfolg beim schwachen Geschlecht wird vielleicht derjenige haben, der sich brüstet mit

una parlantina sciolta = einer guten Redegabe, das heißt einer, dem die Worte leicht über die Lippen kommen und dem es nicht darauf ankommt, *di fare una figura barbina* oder *una figuraccia* = wie ein Dummer dazustehen. Das ist der Typ, von dem

l'insidiata = diejenige, der nachgestellt wird, sich so schnell wie möglich befreien sollte, denn diese Kerle

è meglio perderli che trovarli = sollte man besser verlieren als finden. Als erstes sollte man solch einem mißtrauen, und wenn es nötig ist, kurz entschlossen

mandarlo a quel paese = ihn in »jenes Land« (die Hölle nämlich) schicken; jedenfalls kann man ihm ohne große Umstände einfach erwidern:

con me non attacca = bei mir kommen Sie nicht an! Oder:

giri al largo! Wörtlich: Suchen Sie das Weite! Verschwinden Sie!

e se tra i due c'è il tu = und wenn die beiden per Du sind,

e se ne ha basta = und man genug voneinander hat:

gira al largo! = Verschwinde! Das kann nie schaden, wenn man es:

meglio tardi che mai = besser spät als nie sagt.

Wenn der Störenfried trotzdem bei seinen Frechheiten bleibt, kann man noch weiter gehen und sich an einen Bekannten oder an den ersten besten Schutzmann wenden und sagen:

quel tale mi dà fastidio = dieser Kerl da belästigt mich –; dann muß der Arme

andarsene con le pive nel sacco = mit eingezogenem Schwanz davongehen; wenn er Glück hat, denn jetzt sind in Italien strenge Maßnahmen gegen Störenfriede dieser Art ergriffen worden. Ein gebieterischer Ausdruck, um jemandem zu bedeuten, daß er das Feld zu räumen habe, ist ein trockenes *fili!* oder *fila!* (wenn man per du ist), was soviel heißt wie »verdufte!«, »Verschwinde, so schnell du kannst!«

Doch geben Sie acht, *filare* hat auch noch andere Bedeutungen:

filare il perfetto amore = sich ganz innig, ohne Streit, lieben, wunderbar miteinander auskommen; *fila che è un piacere* = das klappt wunderbar (auch von andern Dingen), das funktioniert prächtig, das fährt großartig.

filare per la tangente = so schnell wie möglich, auf dem kürzesten Wege, davongehen.

filarsela all'inglese, andar via insalutato ospite = *andar via alla chetichella* = verschwinden, ohne sich zu verabschieden.

Heutzutage heißt es, wenn ein junger Mann eine Freundin hat:
ha un amichetta;

l'amichetta di Giorgio è veramente deliziosa = die kleine Freundin von Giorgio ist wirklich reizend; oder auch:

l'amichetto di Claudia è simpatico e sa il fatto suo = der Freund von Claudia ist nett und weiß, was er will; wobei damit eine harmlose Freundschaft gemeint sein kann oder auch ein weniger harmloses Verhältnis.

Man sagt, daß die Liebe ein Vorrecht der Jugend sei – doch oft zu Unrecht, denn auch die Älteren sind dem Spiel und den Leiden der Liebe nicht abgeneigt, auch sie haben oft *»un' amichetta«* –, häufig sogar kommt es zu dem sogenannten und berühmten

ritorno di fiamma, das heißt dem Wiederaufflammen der Liebesglut in einem Menschen, der schon in vorgerückten Jahren ist. Wer kennt nicht die Verse von Vergil: »adgnosco veteris vestigia flammae« über Dido, als die Liebe zu Äneas in ihr erwacht. Viele von der älteren Generation

sono sempre in forma = sind immer noch gut in Form! Dazu noch ein paar andere Ausdrücke:

rispettare le forme = die Formen beachten, den äußeren Anschein wahren;

che belle forme! = Was für eine Figur!

ben formata, formosa sind bewundernde Ausdrücke für die weiblichen Formen und – Kurven!

oggi non è in forma kann etwa auch bedeuten, daß der Herr X am Spieltisch heute nicht jenes Glück hat, das ihn sonst begleitet.

Wollen Sie mir nun in einer kleinen Abschweifung auf zoologischem Gebiet folgen, die – Wunder der Natur – gerade mit der Liebe zu tun hat. Sie werden schon denken, daß ich auf Ledas klassischen Schwan anspiele – das ist ein mythologisches Bild und im Grunde eines Boccaccio würdig – nein, ich will hier eine neue Gattung der mittelmeerischen Fauna vorstellen. Außer in Italien habe ich indessen seine Existenz auch auf den Ägäischen Inseln persönlich feststellen können, wo sie sich seit dem letzten Krieg im gleichen Maß wie der Massentourismus außerordentlich stark entwickelt hat. Dieses amphibienartige Wesen lebt halb im Wasser und halb am Strand, zuweilen auch unter Wasser, überall entlang den von Touristen (vor allem von ausländischen Touristinnen) besuchten Küsten. Es ist in die Familie

dei pappagalli = der Papageien eingeordnet worden, freilich ist es nicht mit Federn bedeckt, sondern es hat lange, zumeist schwarze Mähnen und Locken, die abends von starkriechenden Pomaden glänzen; es ist selten allein unterwegs, sondern betätigt sich mit Vorliebe gruppenweise, und dabei hört man es

pappagalleggiare = papageien mit großer Lebhaftigkeit. Es ist dem Menschen sehr ähnlich in seiner Suche nach einer Gefährtin; es sucht sie sogar mit großer Schamlosigkeit gerade unter den hübschesten des schwachen Geschlechts und übergeht die heimischen Bestände auf diesem Gebiet. Ja, es zeigt durchaus eine besondere Vorliebe für die ausländischen Gäste – die, um der Wahrheit die Ehre zu geben, diesem seltsamen Vogel-Männchen gegenüber durchaus nicht immer abweisend sind – vielleicht auch, weil sie sich von seinem Gesang, von seinen Aufmerksamkeiten verlocken lassen und unvorsichtigerweise seine Unverschämtheiten vergessen. Die Erfahrung hat indessen gezeigt, daß diese nichtgeflügelte, amphibienartige Papageienart nicht, oder nur äußerst selten, in Gebirgs- oder Alpenzonen anzutreffen ist. Wenn man liest oder hört: *»bada, che questa zona è infestata di pappagalli«* (paßt auf, dies Gebiet ist von Papageien verseucht!) dann ist damit bestimmt ein Strand oder ein Küstengebiet gemeint, wo Papageien der eben beschriebenen Gattung auf weibliche Beute aus sind. Eine gute Schwimmerin könnte sich in manchen Fällen auch über sie amüsieren, wenn sie nämlich feststellt, daß diese federlosen Amphibien oft im Wasser ungefährlich werden, weil manche nicht einmal schwimmen können!

Diese *pappagalli*, manchmal sind es sogar nur *pappagalletti*, können mit anderen Worten auch so bezeichnet werden:

giovincelli = junge Burschen;

giovani di belle speranze, hoffnungsvolle Jünglinge,

giovinastri, junge Kerle, auch Halbstarke;
bellimbusti, in Rom heißt ein bellimbusto
bulo oder *bullo*, womit ein
smargiasso gemeint ist, das heißt ein Angeber und Großtuer, den man aber oft leicht von seinem hohen Pferd wieder herunterbringen kann (= *smontare*). All diese spielen bei dem Mädchen,
che hanno preso di mira = auf das sie es abgesehen haben,

lo spasimante, den Schmachtenden. Diese Burschen sind
delle belle sagome = sonderbare Typen. Darunter gibt es
il pomicione (*pomice* = Bimsstein), ein Ausdruck aus dem römischen Jargon für einen, der sich wie ein Bimsstein an den Frauen reibt; davon gibt es auch ein Verb:
pomiciare. Dann findet man den romantischen Typ, den unverschämten Typ und den
intraprendente, den Draufgänger,
che torna imperterrito alla carica, der es unbeirrt immer wieder versucht, auch nach

una cocente sconfitta, einer brennenden Niederlage, auch

dopo esser stato congedato in malo modo, nachdem er auf üble Weise abgewiesen worden ist. Da ist einer,

che si picca, der sich einbildet, ein großer Eroberer zu sein, oder der,

che non ha né arte né parte, der weder Wissen noch Geld hat, das heißt zu nichts taugt, sodann:

il tipo terra terra, wörtlich: einer, der ganz unten am Boden ist, mit dem man gar nichts anfangen kann, oder:

il tipo moscio, der Schlappschwanz. Dann noch:

lo scapolone impenitente, der eingefleischte Junggeselle, und das ist oft

un uomo navigato, wörtlich: einer, der auf vielen Meeren gefahren, also mit allen Wassern gewaschen ist, das heißt,

un uomo esperto (ein erfahrener Mann), *scaltrito* (gerieben), *astuto* (schlau).

Noch so eine neue Erfindung wie die *pappagalli* sind

i paparazzi – meist im Plural gebraucht. Damit sind die Fotoreporter gemeint, die überall zur Landplage werden können, die versuchen, Filmstars oder Starlets zu fotografieren oder sonstige interessante Persönlichkeiten, aber vor allem diejenigen, die nicht fotografiert werden möchten.

Da wir schon von Küsten und vom Strandleben gesprochen haben, können wir es nicht unterlassen, gewisse indirekte Ursachen des ständigen lebhaften Interesses von Seiten der *pappagalli* an diesen Gegenden zu nennen, von denen sie so angezogen und animiert werden. Es ist die immer mehr und auf immer großzügigere Art und Weise verbreitete Neigung,

di prendere la tintarella, sich braun brennen zu lassen, und die

dal costume, vom Badeanzug nicht bedeckten Stellen immer mehr auszuweiten (*costume* heißt aber auch Sitte, Brauch, *malcostume* = Unsitte), denn vom

costume da bagno in un pezzo, vom einteiligen Badeanzug der Vorkriegszeit kam man nach dem Krieg zum

due pezzi, zum Bikini, also dem zweiteiligen Badeanzug, dessen Maße auf ein Minimum reduziert wurden. Früher gab es noch *un prendisole,* einen Strandanzug zum sonnen, und heutzutage kämpft man gar um

il monopezzo, der ja, wie Sie wissen, wiederum nur aus einem Teil besteht.

É poco ma è sicuro = das ist ganz gewiß, daß, wenn das Leben am Strand noch so wäre wie früher und es noch solche Badeanzüge gäbe wie früher, dann wären die armen *pappagalli* gar nicht auf die Welt gekommen – und wer weiß, was sie täten

per ingannare il tempo oder *ammazzare il tempo,* um die Zeit totzuschlagen auf ihrer Suche nach Glück. Aber die Welt ist nun mal so und

del senno di poi ne son piene le fosse – das ist ein oft zitiertes Sprichwort, was heißen soll: »Von der nachträglichen Erkenntnis sind viele Gräber voll.«

Kehren wir zurück zu dem Wort

senno, achten Sie bitte darauf, daß man es mit zwei nn schreibt, denn mit nur einem n heißt es etwas ganz anderes, nämlich *il seno,* der Busen – es kann ja immer mal passieren, daß man sich irrt!

c'é chi per un bel seno ha perso il senno! Mancher hat um einen schönen Busen den Verstand verloren! Leider ist es aber oft so:

chi ha molto seno ha poco senno, wer viel Busen hat, hat wenig Verstand. Achten Sie darauf, daß man »Busenfreund« nicht mit »amico del seno« übersetzen kann, was im Italienischen sehr lustig klingen würde, sondern mit *amico intimo.* – Sehr oft wird das Wort *seno* in Sätzen wie diesen angewandt:

in seno al comitato dei . . ., in seno all'assemblea . . ., was im Deutschen mit »im Rahmen von . . .« übersetzt wird.

Zuvor haben wir die verschiedenen Typen von hoffnungsvollen Jünglingen angesehen und jetzt sind die Mädchen an der Reihe,

di esser passate in rassegna, gemustert zu werden, und die Ausdrücke, mit denen sie, die Hübschen sowie die Häßlichen, charakterisiert werden:

un pezzo di ragazza, was durchaus nicht nur »ein Teil von einem Mädchen«, ist, sondern das Ganze, wenn es auffallend hübsch ist.

Un bel pezzo di figliola bedeutet das gleiche.

Una tipa ben formata ist ein wohlgeformtes Mädchen, dagegen:

una racchia oder *una racchiona* ein Ausbund von Häßlichkeit,

uno scorfano ist eigentlich eine Fischart, und zwar ein häßlicher Fisch, also ein häßliches Mädchen;

uno sgorbio ist wörtlich ein Klecks oder eine Schmiererei; man gebraucht es auch für ein häßliches, ungestaltes Wesen;

è una befana = die »Befana« ist die häßliche, aber gute Alte, die, auf einem Besen durch die Luft reitend, am 6. Januar den guten Kindern Geschenke bringt. Wenn es jedoch von einer Frau oder einem Mädchen gesagt wird, bedeutet es nur bodenlose Häßlichkeit. Noch deutlicher wird es, wenn man sagt:

brutta come una befana = häßlich wie eine Befana.

Un tipo o un tipetto sofisticato = ein raffiniertes, elegantes Persönchen, das aus sich etwas zu machen weiß, jedoch unnatürlich und zu sehr aufs Äußere bedacht ist.

Una tardona = ein im Volksmund gebrauchter Ausdruck für eine ältere Frau, die sich wie eine junge aufführt.

Ciumacca und *fardona* sind zwei Ausdrücke aus dem römischen Jargon, die *»ragazza«* = Mädchen bedeuten;

sventola, ebenfalls aus dem römischen Jargon, ein schönes Stück von irgend etwas, z. B. von einem Mädchen! Dann gibt es noch einen Typ, das ist

la santarellina, ein Mädchen, das sich den Anschein gibt, ganz unschuldig und unberührt zu sein, während gerade das Gegenteil der Fall ist, und bei dem man dann

si scoprono gli altarini = die Fehltritte aufdeckt.

Doch wir wollen weder die *pappagalli,* noch die *santarelline* beachten, sondern mit Vater Dante sagen:

non ragioniam di lor
ma guarda e passa!
Kein Wort mehr drüber,
sondern schau und gehe!

Vorsichtshalber möchte ich hinzufügen: Vorübergehen, ja, aber wenn es einem gelingt . . .

Vorhin haben wir den Ausdruck *fare il galletto* genannt, ich muß aber noch erklären, was man unter *gallismo* versteht. Der *gallismo* besteht hauptsächlich darin, daß man zu verstehen gibt, im Besitz einer außerordentlichen Manneskraft zu sein. Es ist ein vor allem im Süden verbreitetes Phänomen, das die Überzeugung von der extremen Bedeutung in sich schließt, die das

farsi onore con una donna, bei einer Frau Ehre einlegen, dort hat. Viele würden alles ertragen, nur kein Fiasko in einer Liebesnacht. Der Schriftsteller Brancati geißelt und ironisiert diesen Typ und diese Sinnesart seiner Landsleute mit einer Kunst, die man »aristophanisch« genannt hat.

Wenn wir von der Liebe sprechen, scheint es natürlich, daß wir auch ein menschliches Gefühl berühren, das daraus entsteht,

la gelosia, die Eifersucht, die blind macht und sogar

il delitto passionale, das Verbrechen aus Leidenschaft herbeiführt, auch das ein fast ausschließliches Vorrecht des Südens. Vor kurzem wurde dieses Thema in Form einer Satire von dem Ligurer Germi in zweien seiner Filme behandelt: *»Divorzio all'italiana«* und *»Sedotta ed abbandonata«;* in beiden kehrt das Motiv der beleidigten und der geretteten Ehre wieder, mit dem Finale: ». . . und sie lebten unglücklich und unzufrieden . . .« Aber überlassen wir dem Regisseur seine schneidende Kritik, lassen wir, es, da die Zeiten sich ändern, wie alles sich ändert . . . wir beschränken uns aus

pignoleria, Pedanterie der Sprache darauf hinzuweisen, daß

gelosia auch *persiana,* also Fensterladen heißt, wofür man aber auch

imposte oder *scuri* sagen kann. Die Beziehung zur Eifersucht ist leicht zu verstehen, denn aus diesem Grunde standen die Frauen früher ungesehen hinter den Fensterladen, um herauszuschauen, und mit Hilfe der *persiane,* derjenigen aus Holz natürlich, finden wir den Übergang zu *l'amore senza fantasia* = der Liebe ohne Phantasie;

le persiane chiuse bezeichnete ein Haus, dessen Fensterläden immer geschlossen waren,

una casa di tolleranza, das heißt ein Bordell oder »Puff«, also Freudenhaus, im Italienischen nennt man es auch: *bordello, casino* (ohne Akzent!), *casotto.*

Geben Sie aber acht, daß Sie nicht etwa aus Versehen in einer Unterhaltung für das deutsche Wort Offizierskasino etwa sagen: »casino degli ufficiali«, Sie würden Ihre Zuhörer in rechte Verlegenheit bringen. Sie verstehen, warum! Man muß diesen Begriff mit »circolo ufficiali« übersetzen.

Für den gleichen Ort, der in Italien heute abgeschafft und jetzt auch gesetzlich geächtet ist, gibt es noch das Wort:

lupanare, und damit sei es genug.

Da wir aber nun schon einmal gezwungen waren,

di toccare questo tasto, dieses Thema zu berühren, wollen wir noch einige dazugehörige Substantive und Wörter anführen:

donnina allegra, wörtlich: lustiges Weibchen,

donna di facili costumi, leichtes Mädchen,

passeggiatrice, wörtlich: Promenierende,

peripatetica – (aus dem griechischen) wie oben –

battona, von *»bettere la strada«* = Kunden auf der Straße suchen,

scaja bedeutet das gleiche in römischem Jargon, auch von Pasolini in seinen Büchern so benannt. All das sind mehr oder weniger nuancierte Ausdrücke, die sämtlich das Gleiche bezeichnen, nämlich

prostituta oder *puttana,* Prostituierte oder Dirne. Damit sind auch verbunden:

il protettore, im Volksmund

il magnaccia oder *pappone* genannt; das sind die sogenannten Beschützer, die aber in Wahrheit, ebenso wie

il ruffiano und *il mezzano* (= Kuppler, Zuhälter) ihre Ausbeuter sind.

Es existiert aber auch noch die Liebe mit zuviel Phantasie, die der *invertiti,* man nennt sie auch

capovolti oder *finocchi,* womit die Päderasten gemeint sind, in diesem Zusammenhang spricht man von den

balletti verdi: Tänze, nur für Männer!

Danach kehren wir wieder zurück zu *le persone di illibati costumi,* den Personen mit unbescholtenen Sitten, zu den

benpensanti = den Wohlmeinenden, die schon schlecht von uns gedacht haben werden, ohne zu bedenken, daß das Leben nun einmal zwei Seiten hat . . .

Zum Trost werde ich Ihnen ganz schnell und eilig eine Tragödie in vier Akten von der unglücklichen Liebe vorführen:

speró – sospiró – disperó – spiró

und hier die Erklärung und den Kommentar dazu:

sperare = hoffen, also: hoffte,
sospiare = seufzen, ersehnen, also: seufzte,
disperare = verzweifeln, also: verzweifelte,
spirare = seinen Geist aufgeben, sterben, also: starb.

Italien ist nicht nur das Land eines Boccaccio und Casanova mit ihren erstaunlichen Abenteuern, sondern es ist ja auch die Heimat von Romeo und Giulietta mit ihren Liebesseufzern, ihrer Liebe, die im ewigen Schlaf vereint und die zum Symbol für jede Liebe werden. Wir wollen hier jedoch der Liebe mit gutem Ausgang den Vorzug geben, auch wenn wir derjenigen, die sucht ohne zu finden, besondere Sympathie entgegenbringen. Bei der mit gutem Ende gibt es in Italien

i confetti, das weiße Hochzeitskonfekt, das vom Brautpaar den Freunden zusammen mit der Anzeige geschickt wird, und wenn dann die Neuvermählten beim Klang eines Hochzeitsmarsches die Kirche verlassen, wird man Reis über sie streuen, als Symbol der Fruchtbarkeit:

auguri e figli maschi! Viel Glück und Söhne! In Sizilien wird Konfekt für die Freunde sogar nach bestandenem Doktorexamen gespendet, diesmal in grün!

Wer weiß, weshalb wir aber das Salzige den Süßigkeiten vorziehen . . . Und so will ich das kleine Kapitel, das denen, die einander gern haben, gewidmet war, mit einem kleinen Satz abschließen, in dem wohl von Liebesleidenschaft die Rede ist, doch nicht für eine süße Frauengestalt, sondern für irgendeinen Gegenstand, den man zu einem hohen Preis zu erstehen gewillt ist:

a prezzo d'amatore = zu Liebhaberpreisen, was, mit feiner Umschreibung immer ein besonders hoher, ein gesalzener Preis ist. Das also ist das prosaische Ende der Liebe!

Zweiter Teil

8

VON TIEREN UND PFLANZEN

Hier sollen die Tiere, das Land- und Wassergetier, große und kleine, angenehme und lästige Insekten sprachlich untersucht werden. Einige davon sind sehr zur Freude der Menschen geschaffen, doch sind unsere Mitbewohner dieser Erde manchmal mit wenig respektvollen Redensarten bedacht worden.

Wer weiß aber, was sie in ihrer Sprache sagen würden, sie, die wirklichen Tiere, von dem arroganten homo sapiens. Zumindest jedenfalls dürfte es eine Redensart in der Tiersprache geben: »Was ist das für ein Menschenleben!« – »Hast du sie gesehen, Gevatter Krebs, wie viele dieses Jahr hierhergekommen sind, um sich an der Sonne braten zu lassen? Was ist das für eine Frechheit, es gibt kaum noch Platz für uns selbst! Und einen Lärm machen sie . . . Und jedes Jahr sind sie noch lächerlicher gekleidet! Aber da ist nichts zu machen, diese Meneschen lernen auch rein gar nichts dazu!« Da lachen ja die Hühner:

far ridere i polli = wörtlich: die Hühner zum Lachen zu bringen.

fare il galletto, fare il bellimbusto = sich vor den Mädchen aufspielen.

bagnato come un pulcino = naß wie eine gebadete Maus (= Küken).

ha il cervello di una gallina = er hat ein Spatzengehirn.
conosco i miei polli = Ich kenne meine Pappenheimer.
chiudi il becco = halt's Maul, halt die Schnauze!
fioi e colombi sporca le case (venezianisches Sprichwort) = Kinder und Tauben beschmutzen das Haus.
prendere due piccioni con una fava = zwei Fliegen mit einer Klappe fangen, wörtlich: zwei Tauben mit einer Saubohne.
fare un viaggio e due servizi = hat die gleiche Bedeutung, wörtlich: zwei Geschäfte auf einem Weg erledigen.
quello fu il suo canto del cigno = das war sein Schwanengesang.
si comporta come una vera oca = sie benimmt sich wirklich wie eine Gans.
sono solo delle ochette! = es sind ja nur Gänschen! (etwa junge Mädchen im Backfischalter).
Porca l'oca! = die arme Gans wird dabei nur genannt, um schlimmere Flüche zu verschweigen!
menare il can per l'aia = wörtlich: den Hund auf dem Hof herumführen.
finiscila di menare il can per l'aia, veniamo ai fatti, veniamo al sodo = hör auf, um die Sache herumzureden, kommen wir jetzt zur Sache, zum Kern.
cane che abbaia non morde = ein Hund, der bellt, beißt nicht.
guardare in cagnesco = grimmig dreinschauen.
mi guarda sempre in cagnesco deve avercela con me = er schaut mich immer so grimmig an, anscheinend ist er böse mit mir.
vita da cani = Hundeleben.
tempo da cani = Hundewetter.
tra di loro sono come cani e gatti = sie leben miteinander wie Hund und Katze.
essere in quattro gatti = in ganz wenig sein; *c'erano solo quattro gatti* = es waren nur (vier Katzen) ganz wenig Leute da.
far la gatta morta = sich dumm stellen.
pigliarsi una bella gatta da pelare = wörtlich: einer Katze das Fell rupfen, etwas Schwieriges und Unnützes unternehmen.
gatta ci cova = da steckt etwas dahinter.
tanto va la gatta al lardo che ci lascia lo zampino = der Krug geht so

lange zum Brunnen, bis er bricht, wörtlich: die Katze geht so lange zum Speck, bis sie ihre Pfote dabei läßt.

a caval donato non si guarda in bocca = einem geschenkten Gaul schaut man nicht ins Maul.

andare sul caval di San Francesco = auf Schusters Rappen reiten.

campa caval che l'erba cresce = (wart', Pferd, bis das Gras wächst!), mit schönen Worten und leeren Versprechungen abspeisen.

correre la cavallina = ein sehr freies, zügelloses Leben führen.

è testardo come un mulo = er ist halsstarrig wie ein Maultier.

raglio d'asino non arriva in cielo = wörtlich: Eselsschrei dingt nicht in den Himmel, was ein Dummkopf sagt, hat kein Gewicht.

è qui che casca l'asino = hier zeigt sich, was man kann.

legar l'asino dove vuole il padrone = (den Esel anbinden, wo es der Herr will), den Willen eines anderen tun, ohne zu widersprechen, vor allem, wenn es Unsinn ist, was verlangt wird.

è una civetta = wörtlich: sie ist ein Käuzchen; sie ist ein kokettes Ding: weil die Käuzchen den Kopf hin und her drehen!

civettare = kokettieren.

non fare sempre l'uccello del malaugurio = spiel' nicht immer den Unglücksraben!

uccello = Vogel (ist aber auch eine volkstümliche Bezeichnung für das männliche Glied . . .)

merlo = Amsel, in übertragenem Sinne: *stupidotto* = Dummerjan.

aspetta il merlo che la sposerà = *sie* wartet auf einen Dummen, der sie heiratet.

è un aquila (Adler) = er ist sehr klug, häufiger aber hört man:

non è un aquila – er ist ein wenig beschränkt.

chi pecora si fa, lupo lo mangia = wer sich zum Schaf macht, wird vom Wolf gefressen.

in bocca al lupo! = Hals- und Beinbruch!

ha il coraggio di un coniglio = er hat ein Hasenherz.

fare il capro espiatorio = den Sündenbock machen.

orso = Bär, aber:

essere un orso = ein verschlossener, ungeselliger Mensch.

è un bell'orso, non parla mai con nessuno = was ist das nur für ein Mensch, er spricht nie mit jemandem!

brutta scimmia! = häßliche Äffin! (im Italienischen weiblich, deshalb beschränkt sich die Anwendung dieser liebenswürdigen Anrede auch auf weibliche Personen.)

ha un bel scimmiotare = da kann er lang nachäffen (aber es gelingt ihm doch nicht)!

esser sordo come una talpa = taub sein wie ein Maulwurf.

prendere lucciole per lanterne = Glühwürmchen für Laternen halten, sich täuschen, einem Irrtum unterliegen.

prendere un granchio (granchio = Krebs) = einen Fehlgriff tun, sich täuschen.

esser lenti come una tartaruga = langsam wie eine Schildkröte sein.

andare come i gamberi = rückwärts gehen, vor allem in übertragenem Sinn angewandt.

si fece rosso come un gambero = er wurde rot wie ein Krebs.

non esser buono a levare un ragno da un buco, non sa cavare un ragno da un buco = er kann nicht mal eine Spinne aus dem Loch ziehen, also er kann auch gar nichts, ist vollkommen unfähig.

dormire come un ghiro oder *come una marmotta* = schlafen wie ein Murmeltier.

far vedere i sorci verdi = jemandem grüne Mäuse zeigen, also etwas Sonderbares (Schlimmes) erleben.

ingoiare un rospo = eine Kröte hinunterschlucken!

dovette volente o dolente ingoiare quel rospo = er mußte, ob er wollte oder nicht, in den sauren Apfel beißen oder die bittere Pille schlucken.

se mi salta la mosca al naso = wenn ich die Geduld verliere, wenn ich böse werde.

essere una mosca bianca = eine weiße Fliege, also etwas sehr Seltenes sein.

mettere una pulce nell'orecchio = einen Floh ins Ohr setzen.

essere un pidocchio – (*pidocchio* = Laus) = geizig, knauserig sein.

è una piattola – (*piattola* = Schabe) = langweiliger Mensch, der einem auf die Nerven geht und wie Ungeziefer an einem hängt.

infido come un serpente = falsch, treulos wie eine Schlange.

è una vera sanguisuga! = er ist ein wahrer Blutsauger, Blutegel.

quello è proprio un verme schifoso! = der ist wirklich ein ekliger Wurm!

fare come la chiocciola = es wie die Schnecke machen, d. h. sich immer gleich in sein Haus zurückziehen.

avere la faccia di lumacone – (*lumaca* = Schnecke) = ein schleimiges Aussehen haben.

è viscido come un'anguilla = er ist schlüpfrig wie ein Aal.

chi dorme non piglia pesci = wer schläft, fängt keine Fische.

non è né carne né pesce = sie ist weder Fisch noch Fleisch (wird oft von Mädchen im Backfischalter gesagt).

sembrare o essere come un pesce fuor d'acqua = wie ein Fisch, auf dem Trockenen scheinen oder sein.

Alle diese Bilder sind so deutlich, daß eine besondere Erklärung im Deutschen gewiß unnötig ist.

gettarsi o buttarsi a pesce = sich wie ein Fisch, also im Hechtsprung, nämlich ganz schnell, auf etwas stürzen.

sei un bel baccalà! = Du bist mir ein schöner Stockfisch! (Eine gutmütige »Anrede« für einen faden, verschlafenen, unentschlossenen Menschen.)

andare in vacca – (*vacca* = Kuh) = sich gehenlassen.

una bella vaccata = eine schöne Schweinerei.

prendere il toro per le corna = den Stier an den Hörnern packen.

tagliare la testa al toro = (dem Stier den Kopf abhauen) einen schnellen Entschluß fassen.

sopra la panca la capra campa, sotto la panca la capra crepa, das ist ein *scioglilingua* = also ein Spruch, um die Zunge zu lösen, wie in Deutschland »Fischer's Fritze fischte frische Fische . . . «

mettere il carro innanzi ai buoi = en Wagen vor die Ochsen stellen, also zuerst etwas tun, was zuletzt gemacht werden sollte.

moglie e buoi dai paesi tuoi = Frau und Rinder hol dir aus deinem Dorf.

Piante – Pflanzen

Pflanzen, Blumen und Gemüse machen das Leben des Menschen froh und erhalten es, und aus Dankbarkeit oder Undankbarkeit nimmt dieser sie in seinen Wortschatz auf, in alten Weisheitssprüchen oder in Ausdrücken der gesprochenen Sprache. Indem wir hier einige – gewiß nicht alle – dieser Redensarten anführen, bezeugen wir den Gärten und jeder Pflanze, die sich uns zur Verfügung stellt, unsere Ehrerbietung.

Mangiare la foglia (= das Blatt essen) aber ist gewiß nicht sehr nahrhaft und doch wichtig . . . Sie werden sehen, warum!

far una cosa di sana pianta = etwas von Grund aus erschaffen.

l'ho creata io l'azienda, di sana pianta = ich habe das Unternehmen ganz von vorn, aus dem Nichts, aufgebaut.

c'entra come i cavoli a merenda = das paßt wie der Kohl zum Vesperbrot (also gar nicht)!

col cavolo che faccio questo = einen Kohl werd' ich das tun, also, nicht im Traum tu' ich das!

non m'importa un cavolo = ich kümmere mich den Teufel darum:

ognuno pensi ai cavoli suoi = jeder soll an seinen eigenen Kohl denken.

piantatelo bene nella zucca! = wörtlich: pflanz' es dir gut in deinen Kürbis, also: merk dir's gut!

testa di rapa! – (*rapa* = Rübe) = Dummkopf!

il frutto non casca lontan dall'albero = der Apfel fällt nicht weit vom Stamm.

è sempre pronto (o facile) ad inalberarsi = er geht leicht auf die Bäume, verliert die Geduld; das gleiche bedeutet:

è facile ad uscire dai gangheri – (*ganghero* = Türangel) = also, er geht leicht aus den Angeln.

il tale è come il prezzemolo = er ist wie die Petersilie, also überall; im gleichen Sinne wird gesagt:

è come la gramigna = er ist wie das Unkraut.

alla manifestazione c'era tutta una schiera di papaveri (= pezzi grossi, autorità) = bei der Veranstaltung war eine ganze Schar von großen Tieren (*papavero* = Mohn!). Vor ein paar Jahren gab es einen hübschen Schlager, der vielleicht manchen noch im Gedächtnis ist: »*Tu sai che i papaveri son alti alti alti*«; auch da sind natürlich die menschlichen *papaveri* gemeint!

è una vera mimosa, è delicata come una mimosa = sie ist empfindlich wie eine Mimose.

cela sotto la dura scorza un cuore d'oro = er verbirgt unter der harten Rinde ein goldenes Herz.

fresca come una rosa = frisch wie eine Rose.
una rosa non fa primavera = eine Rose macht noch keinen Sommer (in Italien ist die Rose natürlich ein Symbol des Frühlings!);
non c'è rosa senza spine = keine Rose ohne Dornen.
mangiare la foglia = *capire l'antifona* = etwas verstehen, was nicht gesagt worden ist (mir ist ein Licht aufgegangen!)
zucca, zuccone! = wörtlich Kürbis, eine liebenswürdige Bezeichnung für den Kopf, wie in Deutschland »Birne« und für seinen Träger etwa »Dummkopf«!
quello è finocchio = *pederasta* = *Päderast.*
non me ne importa un fico secco = das ist mir ganz schnuppe, ganz Wurst.
questo mi va a fagiuolo = *mi va a genio* = das paßt mir sehr gut (*fagiuolo* = grüne Bohne).
fagiuolo nennt man auch einen Studenten im zweiten Studienjahr, oder dem vierten Semester.

9

UNSER KÖRPER – »CI DÀ UNA MANO«

»La lingua batte dove il dente duole« = die Zunge rührt an den schmerzenden Zahn – und wenn uns der Kopf weh tut, werden wir ganz ohne Zweifel daran denken
d'aver la testa sul collo = den Kopf auf dem Hals zu haben, auch in übertragenem Sinn. Und wenn wir
un diavolo per capello = für jedes Haar einen Teufel – haben, werden wir ärgerlich und mit größter Verachtung sagen, daß es sich nicht gehört,
di fare un lavoro con i piedi = eine Arbeit mit den Füßen zu machen. Wir werden so auf einmal gewahr, daß Kopf, Hals, Füße und Hände ihrerseits in diesem Wortspiel auch
possono darci una mano = uns helfen können – aber nicht eine

ten in das Spiel oder in die Schranken, und Sie werden sehen, daß auch die verschiedenen Teile unseres Körpers ein Wort mitzureden haben, und Ihnen bleibt, wie immer, nur,

da prestar orecchio = die Ohren aufzumachen.

in gamba dunque! = acht's gut, also!

La testa = der Kopf

egli ha la testa a posto = *quello non ha la testa a posto* = *metter la testa a posto* = also den Kopf auf dem rechten Fleck haben, denn wenn der Kopf da sitzt, wo er hingehört, kann man auch richtig damit denken!

cosa ti salta (o viene) in testa = was kommt dir in den Sinn, was fällt dir ein.

ha avuto una bella lavata di testa = man hat ihm ordentlich den Kopf gewaschen, d. h. man hat ihm gründlich die Meinung gesagt.
mi ha fatto una testa così = er hat so lange auf mich eingeredet, daß mir der Kopf ganz voll davon ist.
è sempre con la testa tra le nuvole = er hat immer den Kopf in den Wolken.
è una testa balzana = er ist ein Querkopf.
è una bella testa! – ha una testa dura! – è testardo! = er hat einen harten Schädel, ist eigensinnig, hartnäckig.
un testone = ein schwerfälliger, beschränkter Mensch.
la testata = Kopftitel (einer Zeitung).
un colpo di testa = eine unbesonnene Handlung.
ha preso una testata = er hat sich (an) den Kopf gestoßen.
ha perso la testa = er hat den Kopf verloren.
non saper dove sbattere la testa = *esser disperato* = *non saper che fare* = nicht mehr ein noch aus wissen.
non mettergli in testa queste sciocchezze = setz' ihm doch keine Flausen in den Kopf!
devi metterti in testa = *devi ficcarti in testa* = du mußt begreifen (auch wenn du nicht willst).
un'avventura da far rizzare i capelli in testa = ein Abenteuer, bei dem einem die Haare zu Berge stehen.
questo lavoro non è fatto con la testa, ma coi piedi = diese Arbeit ist nicht mit dem Kopf, sondern mit den Füßen gemacht worden – wie sie aussieht, kann man sich wohl denken!
ha voluto farlo di testa sua = er wollte es nach seinem eigenen Kopf machen, also, er wollte es besser wissen.
ha troppi grilli per la testa = er hat zu viele Grillen im Kopf.
questa notizia gli è arrivata tra capo e collo – l'incidente gli era capitato tra capo e collo = zwischen Kopf und Hals, also: sehr ungelegen, störend.
ragionamenti senza capo nè coda = in Deutschland würde man sagen ohne Hand und Fuß, hier ohne Kopf und Schwanz!
avere un bel grattacapo = wenn wir wissen, daß
grattare kratzen und

capo Kopf heißt, werden wir ohne Mühe verstehen, was gemeint ist!
fa capolino = *affiora, salta fuori* = also eben hervorkommen, herausschauen.

Faccia = Gesicht

una faccia da schiaffi ist ein Gesicht, das zum Ohrfeigen reizt,
una faccia di bronzo oder
una faccia di tolla = ein Gesicht aus Bronze oder Blech, so nennt man einen, der unverschämt und dazu gleichgültig und schamlos ist.
faccia tosta = hat eine ähnliche Bedeutung, aber etwas milder.
perdere la faccia = sein Gesicht, sein Ansehen verlieren.
una faccia onesta = ein anständiges Gesicht.
per la sua bella faccia = ironisch gemeint, daß man etwas nicht für das schöne Gesicht von jemandem tut.
alla sua faccia = ihm zum Trotz.
ha fatto un bel voltafaccia = er hat eine Kehrtwendung gemacht, aber im übertragenen Sinn, also Gesinnungswechsel.
gliel' ho detto in faccia = ich habe es ihm ins Gesicht gesagt.
sfacciato = frech, unverschämt.
runfacciare = vorwerfen.
parlare a viso aperto = ganz offen, ohne Furcht und ohne Hinterhalt sprechen.
fare buon viso a cattivo gioco = gute Miene zu bösem Spiel machen.
lo fa in barba a tutti = er tut es allen zum Trotz.
il volto hat auch die Bedeutung von Gesicht, aber mehr in dem Begriff von Antlitz, in übertragenem Sinne wird immer *volto* gebraucht.

I capelli = die Haare

avere un diavolo per capello heißt, daß man so viele Teufel wie Haare auf dem Kopf hat, man ist also mehr als nervös, außer sich.

ne ho fin sopra i capelli = davon habe ich mehr als genug, es steht mir bis dahin.
roba da far rizzare i capelli = eine haarsträubende Sache.
tu a lui non gli torci un capello = ihm darfst du kein Härchen krümmen.
mettersi le mani nei capelli = wörtlich: sich mit den Händen in die Haare fahren. Die Deutschen sind diesmal allerdings temperamentvoller, denn das Entsprechende wäre: sich die Haare raufen.

Occhio = Auge

Occhio! = *bada, fai attenzione!* = Paß auf!
tienlo d'occhio = behalt ihn im Auge.
lontan dagli occhi, lontan dal cuore = aus den Augen, aus dem Sinn.
occhio per occhio, dente per dente = Auge um Auge, Zahn um Zahn.
parlare a quattr'occhi = unter vier Augen sprechen.
al primo colpo d'occhio = auf den ersten Blick.
fare qualcosa in un batter d'occhio = *in un battibaleno* = im Nu, in einem Augenblick.
guardare di sottecchi (sott'occhio) = *guardare di soppiatto* = verstohlen blicken.
con occhio clinico = wörtlich: mit klinischem Blick, also mit dem erfahrenen Auge des Arztes, mit fachmännischem Blick.
il malocchio = der böse Blick.
strizzare l'occhio = zwinkern, jemandem zublinzeln.
con una strizzatina d'occhio s'intesero = mit einem Zublinzeln verstanden sie sich.
osservare con la coda dell'occhio = aus dem Augenwinkel heraus beobachten, verstohlen, heimlich beobachten (*coda* = Schwanz).
dare un'occhiata = anschauen.
andiamo a dare un'occhiata alle vetrine = gehen wir uns die Schaufenster ein bißchen anschauen.

Orecchio = Ohr

tapparsi le orecchie = sich die Ohren verstopfen.

mi fischiano le orecchie = mir saust es in den Ohren.

far orecchie da mercante = wörtlich: Kaufmannsohren machen, was bedeuten soll, daß man nur das hört, was man hören will. Den gleichen Sinn hat das folgende Sprichwort:

non c'è peggior sordo di chi non vuol sentire = es gibt keinen schlimmeren Tauben als den, der nicht hören will.

si deve prima far l'orecchio oder *farsi l'orecchio* = man muß sich erst daran gewöhnen, etwas zu hören, oder das Ohr üben, um etwas zu hören.

suonare ad orecchio = nach dem Gehör spielen.

gli ho tirato le orecchie, una tiratina d'orecchie = an den Ohren ziehen – zumeist im übertragenen Sinn gebraucht.

mettere una pulce nell'orecchio = einen Floh ins Ohr setzen.

da quando mi ha messo quella pulce nell'orecchio = seit er mir diesen Floh ins Ohr gesetzt hat.

Naso = Nase

non vede più lontano della punta del naso = er sieht nur bis zu seiner Nasenspitze, also: er ist sehr engstirnig und beschränkt.

far venire la mosca al naso = wörtlich: die Fliege an die Nase kommen lassen.

se mi viene la mosca al naso = wenn ich die Geduld verliere, wenn mir der Kragen platzt.

prendere per il naso, menare per il naso = an der Nase herumführen.

rimanere con un palmo di naso (*palmo* = Spanne) = mit nichts dastehen, enttäuscht sein, wörtlich: mit einer langen Nase dastehen.

fare il ficcanaso = die Nase überall hineinstecken, auch *ficcare* oder *mettere il naso dappertutto.*

è un terribile ficcanaso = der ungläubige Thomas, einer, der erst sehen will, ehe er etwas glaubt.

l'autobus mi sfuggiva sotto il naso = der Autobus fuhr mir vor der Nase weg.

Bocca = Mund

Bocca baciata non perde ventura, anzi rinnova come fa la luna = ein geküßter Mund büßt nichts ein, sondern erneuert sich wie der Mond . . .
Ein alter Spruch, den Sie bei Boccaccio finden, lesen Sie die siebente Novelle des zweiten Tages im Decamerone!

Lasciare a bocca aperta = *stupire, sbalordire* = so in Staunen versetzen, daß einem der Mund offen stehenbleibt.

lasciare a bocca asiutta = wörtlich: mit trockenem Mund = enttäuschen; ähnlich ist:

rimanere con la bocca amara = mit bitterem Mund dastehen.

far venire l'acquolina in bocca = das Wasser im Mund zusammenlaufen lassen.

è di bocca buona = so sagt man von einem, der gern ißt, ohne besonderen Wert auf eine gute Küche zu legen, der also alles ißt.

il mattino ha l'oro in Bocca = Morgenstund' hat Gold im Mund.
storcere la bocca = den Mund verziehen, unzufrieden sein.
acqua in bocca! = Wasser in den Mund! Das heißt also soviel wie: Schweigen! Nicht darüber sprechen! Desgleichen:
non aprir bocca!
fare le boccacce = Grimassen ziehen.
smettila di fare le boccacce! = Hör auf mit diesen Faxen!
levarsi il pane di bocca = wörtlich: sich das Brot vom Mund wegnehmen, nur im übertragenen Sinn: auf etwas verzichten zugunsten anderer.

Denti e lingua = Zähne und Zunge

Avere il dente avvelenato = wörtlich: einen vergifteten Zahn haben, also böse, verärgert sein.
è (o non è) pane per i suoi denti = wörtlich: das ist (oder ist nicht) Brot für seine Zähne, das ist etwas für ihn oder das ist nichts für ihn, damit wird er (nicht) fertig.
non aver peli sulla lingua = wörtlich: keine Haare auf der Zunge haben, d. h. etwas geradeheraus sagen, ohne Rücksichten.
è una male lingua = *è una peste* = eine böse Zunge.
aver qualcosa sulla punta della lingua = es schwebt einem etwas auf der Zunge.

Collo = Hals

Questa ci è capitata tra capo e collo = das kam Hals über Kopf.
prendere uno per il collo = *fare lo strozzino* = ungebührlich hohe Bedingungen stellen, Wucher treiben (in dem Wort »Halsabschneider« findet sich auch im Deutschen der Hals).
collo heißt aber auch Gepäckstück, Stückgut.
collo appresso = Handgepäck.
correre a rompicollo, correre all'impazzata oder *correre a rotta di collo* = wie verrückt rennen; im deutschen Wort »halsbrecherisch« steckt der gleiche Sinn, nur kann man diese Wendung nicht als Adverb verwenden.

non ha la testa sul collo ist das gleiche wie
non ha la testa a posto, also = bei dem stimmt was nicht im Kopf.

Cuore = Herz

auch *core,* so reimt es sich gut auf *amore* und *dolore,* in vielen Liedern und Gedichten!
lontan dagli occhi lontan dal cuore = aus den Augen, aus dem Sinn.
ha un cuore d'oro = er hat ein goldenes Herz.
a cuor leggiero = leichten Herzens.
a malincuore = schweren Herzens, ungern.
morire di crepacuore = an gebrochenem Herzen sterben.
al suo buon cuore = lassen Sie Ihr gutes Herz sprechen (von Bettlern gern gebrauchte Formel).
mi fece venire il batticuore = ich bekam Herzklopfen davon (durch Aufregung, Spannung z. B.).
sei un senza cuore = du bist herzlos.
di tutto cuore = von ganzem Herzen.
sentirsi mancare il cuore = fühlen, daß das Herz aussetzt.
a quella vista si sentí mancare il cuore = *non poté resistere, si commosse* = bei diesem Anblick wurde sein Herz angerührt, überkam ihn Rührung.
togliere una spina dal cuore = *togliere un peso, una preoccupazione* = einen Stein (Dorn) vom Herzen nehmen.
mettersi il cuore in pace = *consolarsi, rassegnarsi* = sich mit etwas abfinden.

Spalle e braccia = Schultern und Arme

gambe in spalle – e via! = nimm die Beine unter den Arm und lauf.
mettere con le spalle al muro = *mettere alle strette* = die Pistole auf die Brust setzen, zwingen.
alzare le spalle = *far spalluccie* = die Achseln zucken.
parlare dietro le spalle = hinter dem Rücken Schlechtes sprechen.
far cascar le braccia = so enttäuscht sein, daß einem die Arme

herunterfallen (das Bild ist deutlich genug!), den Mut verlieren.

alzare il gomito heißt auf deutsch »den Ellbogen heben«. Was aber soll das wohl bedeuten? Der Ellbogen hebt die Hand, die Hand hält das Glas, und im Glas ist der Wein; wer also zu oft den Ellbogen hebt, hat zu oft (oder zu tief) ins Glas geschaut.

Mano = Hand

una mano lava l'altra = eine Hand wäscht die andere.

a mano a mano = *via via* = nach und nach.

avere le mani in pasta = dabei sein, etwas zu tun haben mit der Sache, wörtlich: die Hände im Teig haben.

essere alla mano = zugänglich sein.

è un tipo alla mano = ein guter Kerl, einer, der sich nicht aufspielt, mit dem man reden kann (bezieht sich meist auf höhergestellte Persönlichkeiten).

pregare con le mani giunte oder *a mani giunte* = wörtlich: mit – wie im Gebet – gefalteten Händen bitten, also: inständig bitten, anflehen.

mettere la mano sul fuoco = die Hand ins Feuer legen, für jemanden einstehen.

farsi la mano = *impratichirsi* = sich üben, Geschicklichkeit erlangen.

portare in palma di mano = auf Händen tragen.

mettere le mani avanti = *farsi avanti* = einem Einwand zuvorkommen, seinen eigenen Vorteil im Auge behalten.

lavarsene le mani = *scagionarsi da qualsiasi responsibilità (lo fece Ponzio Pilato e da allora . . .)* = seine Hände in Unschuld waschen (wie Pontius Pilatus), jede Verantwortung ablehnen.

se n'è lavato le mani, fa sempre così = er hat die Verantwortung abgelehnt, so macht er's immer.

lo do nelle tue mani = *te lo affido, te lo raccomando* = ich gebe ihn in deine Hände, ich vertraue ihn dir an.

aver per le mani una pratica = eine Akte an der Hand haben, sie gerade bearbeiten.

aver sottomano = in Reichweite haben.

vendere sottomano = unterderhand verkaufen.
andar contromano = in falscher Richtung fahren (bei Einbahnstraßen).
fatto a mano = handgemacht.
prender per mano = an die Hand nehmen.
fregarsi le mani = *rallegrarsi per qualcosa* = sich die Hände reiben (oft aus Schadenfreude).
mangiarsi le mani = wörtlich: sich in die Hände beißen, aus Wut, Verzweiflung, weil man z. B. eine gute Gelegenheit versäumt hat.
dare una mano = helfen.
può darmi una mano? = können Sie mir eben mal helfen?
manesco = handgreiflich.
manrovescio = Schlag mit dem Handrücken, Ohrfeige.
venire alle mani = *menar le mani* = handgreiflich werden.
non alzare le mani, capito? Metti giù le mani! = weg die Hände!
star con le mani in mano = mit den Händen im Schoß.
un posto fuori di mano (fuori mano) = ein abgelegener Ort.
far man bassa = wegnehmen, klauen, plündern.
comprare di seconda mano = gebraucht kaufen.
aver le mani bucate = wörtlich: durchlöcherte Hände haben, d. h. verschwenderisch mit dem Geld umgehen.
una manata = eine Handvoll.
mettersi le mani nei capelli = sich die Haare raufen.
scherzi di mano, scherzi da villano = nur Flegel scherzen mit den Händen.
buonamano = Trinkgeld, Belohnung.

Dito = Finger

tra moglie e marito non mettere il dito = zwischen Mann und Frau darfst du keinen Finger stecken.
legarsela al dito, segnarsela al dito = (wörtlich: sich etwas an den Finger binden), etwas nicht vergessen, sich etwas merken (um es später heimzuzahlen).
contare sulla punta delle dita = an den Fingern abzählen.

Gamba = Bein

le bugie hanno le gambe corte = Lügen haben kurze Beine.
fare il passo più lungo della gamba = wörtlich: den Schritt größer als das Bein machen, d. h. über seine Verhältnisse oder Möglichkeiten hinausgehen.
essere in gamba = auf dem Damm sein.
è un tipo in gamba = das ist ein tüchtiger Kerl.
in gamba, neh! Stai bene, sù! = Mach's gut! Kopf hoch!
sgranchirsi le gambe = sich die Beine vertreten.
darsela a gambe = ausreißen.
andarsene con la coda tra le gambe = mit eingeklemmtem Schwanz weggehen (wie ein Hund).
fare uno sgambetto = ein Bein stellen.

Piedi = Füße

stare in piedi = stehen.
andare a piedi = gehen.
sono in piedi dalle sei = *sono alzato dalle sei* = ich bin seit sechs Uhr auf.
andare con i piedi di piombo = wörtlich: mit bleiernen Füßen gehen, d. h. ganz langsam, also mit äußerster Vorsicht gehen oder handeln.
tenere un piede in due staffe = einen Fuß in zwei Steigbügeln haben, d. h. mehrere Interessen gleichzeitig pflegen, ein doppeltes Spiel spielen, für alle Fälle gerüstet sein.
mettere un piede in fallo = tolpern.
levarsi dai piedi = verschwinden.
levati dai piedi! levati d'intorno! = verschwinde!
stare tra i piedi = im Wege sein.
mi sta sempre tra i piedi = er ist mir immer im Weg.
un leccapiedi = ein Speichellecker, ein serviler Kerl.
pedissequo = dumm nachahmend.
pedone = Fußgänger.

darsi la zappa sui piedi = sich ins eigene Fleisch schneiden.
su due piedi = *subito* = sofort.
si decisero a partire su due piedi = sie entschlossen sich, sofort abzureisen.
licenziare uno su due piedi = einen fristlos entlassen.

Pelle = Haut

gli è venuta la pelle d'oca = er hat eine Gänsehaut gekriegt.
mi si accappona la pelle = es überläuft mich kalt, ich bekomme eine Gänsehaut (vor Angst und Schrecken).
ridere a crepapelle = platzen vor Lachen.
non stare più nella propria pelle = aus der Haut fahren (vor Neugier, Spannung, Freude).
vi faccio la pelle! = ich bring' euch um!
salvare la pelle = seine Haut retten.
contropelo = gegen den Strich.
mancava proprio un pelo che cadesse = um ein Haar wäre sie gefallen.
cercare il pelo nell'uovo = das Haar in der Suppe suchen.
farci il callo = wörtlich: sich eine Hornhaut wachsen lassen, d. h. sich an etwas Unangenehmes gewöhnen.

10

EIN VERB »TUTTO FARE« UND NOCH ANDERE MEHR

Un verbo tutto fare würde auf deutsch heißen »ein Verb als Mädchen für alles«, und das ist es zweifellos, das Verb »fare«! Sehen wir nun, was man mit »fare« alles machen kann!

ha fatto un bell'aquisto! Sie meinen, da habe er einen guten Kauf gemacht? Oh nein, im Gegenteil, »da hat er sich ja was Schönes angeschafft!« müßte man dafür auf deutsch sagen.

fare andare a monte oder *mandare a monte una cosa* bedeutet das gleiche wie im Deutschen »über den Haufen werfen«, also eine Sache scheitern lassen, nichts daraus werden lassen; italienisch sagt man dazu auch

far naufragare una cosa, also Schiffbruch erleiden, scheitern lassen.

farsi un baffo = auf etwas pfeifen, gleichgültig sein gegenüber etwas: der Ausdruck stammt natürlich aus der Zeit, in der die Herren noch Schnurrbärte trugen, an denen sie, vor allem, wenn sie gelangweilt und gleichgültig irgend etwas anschauten, gern drehten und zwirbelten. Der vollständige Satz müßte eigentlich auch heißen

mi faccio un baffo a torciglione.

fare la bella ist ein Ausdruck beim Kartenspiel und bedeutet das Entscheidungsspiel, aber

fare le belle heißt schön tun, um etwas zu erreichen, im gleichen Sinn sagt man

fare le moine (moine soll mit dem keltischen Stamm *min* = klein, artig, zusammenhängen, frz. *mignon*).

fare bisboccia = eine lustige Esserei mit Freunden veranstalten.

fare il broncio oder *tenere il broncio* bedeutet ein finsteres Gesicht machen, mit jemandem schmollen oder böse sein.

fare il bulo (in Rom sagt man *bullo*) ist ein Ausdruck der niederen Umgangssprache und bezeichnet einen, der sich vor allem vor Mädchen aufspielt und gern ein »toller Kerl« sein möchte, es hängt zusammen mit dem deutschen Wort »Buhle«.

fare un buco nell'acqua heißt wörtlich »ein Loch ins Wasser machen« – also etwas tun, was keinen Erfolg, keinen Zweck hat.

far cambiar idea = jemanden von etwas abbringen, zu einem anderen Entschluß bringen.

far tanto di cappello ist ein Ausdruck der Bewunderung, wie das deutsche »Hut ab!«.

far qualcosa alla carlona ebenso *far qualcosa alla buona* = etwas obenhin tun, also eigentlich schlecht und nicht gut machen! Hierbei ist niemand anderer als Karl der Große gemeint, der in den Ritterepen *Re Carlone* genannt wird, die ursprüngliche Bedeutung war also, etwas auf althergebrachte, gute Art zu machen.

farci caso = viel von etwas halten, Gewicht darauf legen, meist negativ gebraucht.

»non farci caso!« = mach' dir nichts draus!

farsi cattivo sangue, wörtlich: sich böses Blut machen, also sich ärgern.

fare il chilo, fare il pisolino, fare il sonnellino, in Rom sagt man

fare la pennichella = Mittagsschläfchen halten; die Vielzahl der Ausdrücke ist beredter als jede Erklärung! Übrigens kommt das römische

pennichella von *pendere,* das heißt hängen, sich neigen.

far comodo; mi fa comodo heißt: das paßt mir, das ist mir gerade recht.

fare le corna hat zwei verschiedene Bedeutungen, zum ersten sind es die Hörner, die er ihr oder sie ihm aufsetzen kann, wenn einer von beiden die eheliche Treue nicht hält, die anderen Hörner macht man als beschwörendes Zeichen mit zwei Fingern der Hand, um

il malocchio = den bösen Blick abzuwehren – von beiden Möglichkeiten wird jedenfalls häufig Gebrauch gemacht!

farsi diligente oder *farsi parte diligente* heißt: sich für etwas einsetzen.

farci la birra sollte wörtlich heißen: »Bier daraus machen«,

con questo ci faccio la birra heißt aber: damit kann ich gar nichts anfangen.

fare un cicchetto – cicchetto ist eigentlich ein Schnaps, doch

fare un cicchetto heißt: einen Verweis, einen Rüffel erteilen oder eine Zigarre verpassen, wahrscheinlich sind diese beiden Ausdrücke auf die gleiche Weise entstanden.

far fagotto = wie im Deutschen sein Bündel schnüren, weggehen.

far fiasco bedeutet wie im Deutschen Mißerfolg haben, Fiasko machen, wahrscheinlich kommt diese Redensart aus der Werkstatt der Glasbläser, die eine mißlungene Flasche *fiasco* nannten.

far finta ist das gleiche wie

fingere und heißt »so tun, als ob«.

fare il finto tonto heißt deshalb »so tun, als ob man dumm wäre, sich dumm stellen«, ebenso wie

fare l'indiano = so tun, als ob man gerade aus Indien gekommen wäre und nichts verstünde, desgleichen
fare il nesci (vom lateinischen *nescire* = nicht wissen).
fare fesso qualcuno = jemanden übers Ohr hauen, aber
fare il fesso = den Dummen spielen, wie auch
far l'imbecille.
fare la festa a uno, heißt das etwa: für jemanden ein hübsches Fest ausrichten? Ganz im Gegenteil: es bedeutet dasselbe wie
far fuori qualcuno = nämlich: jemanden umbringen!
fare una figura oder *far figura* wird mit dem deutschen »eine Figur machen« zwar verständlich, ist aber nicht gebräuchlich ausgedrückt, für
che figura faccio! würde man sagen: »Wie stehe ich da!«
fare una figura barbina oder *una figura da cioccolattaio* ist das gleiche wie
fare una brutta figura und bedeutet, daß man sich schlecht, ungeschickt benommen hat.
farla finita bedeutet »endlich mal Schluß machen«.
far flanella entspricht dem deutschen »flanieren«.
farla franca = unbehelligt davonkommen.
farsi friggere und *farsi benedire* hat im Grunde die gleiche Bedeutung, auch wenn
friggere = braten und
benedire = segnen heißt.
va a farti friggere oder *va a farti benedire* = (in dieser Form werden Sie es am häufigsten hören, hoffentlich aber nie an Sie gerichtet!) heißt: »Scher dich zum Teufel!« oder: »Laß dich einpakken!« (oft in gutmütigem Ton).
far fronte agli impegni = seinen Pflichten nachkommen.
far fuoco e fiamme = Feuer und Flamme für etwas sein, auch sich ganz für etwas einsetzen.
fare dei ghirigori (*ghirigori* = Schnörkel) heißt unleserlich, schlecht schreiben, schmieren.
fare il gradasso bedeutet schwadronieren. *Gradasso* ist der Name eines Königs von Sericana, einer Gestalt der Ritterepen.
fare lo gnorri = so tun, als ob man gar nichts von einer Sache wüßte (von *ignaro* = unwissend).

fare il medico heißt einfach »Arzt sein«.

prima fece il medico, poi l'ingegnere = erst war er Arzt, dann Ingenieur; bisher hatte das *fare* in Verbindung mit einer Typenbezeichnung immer den Sinn von »spielen, die äußere Art des Betreffenden annehmen«, hier aber, wie bei allen Berufsbezeichnungen, heißt es »sein« oder »den Beruf ausüben«.

far mente locale = die Gedanken auf etwas lenken oder richten.

fa niente! = das macht nichts!

fare oder *pigliare delle papere* = *la papera* ist eine Ente, aber keine Zeitungsente, wie man vielleicht denken könnte, sondern

fare delle papere heißt sich versprechen, vor allem, wenn von Schauspielern auf der Bühne die Rede ist, aber auch einen Schnitzer machen, einen Bock schießen beim Schreiben.

far patta = unentschieden (im Spiel).

far pari e patta e non se ne parli più = jetzt sind wir quitt und kein Wort mehr darüber.

fare il portoghese heißt, daß man ins Theater oder sonstige Veranstaltungen geht, ohne zu bezahlen, d. h., daß man sich auf irgendeine Weise Freikarten verschafft; die Redensart geht darauf zurück, daß ein Papst allen Portugiesen freien Eintritt in das römische Theater gewährt hat als Dank für ein Geschenk des Königs von Portugal; bald natürlich gaben sich viele Römer als Portugiesen aus, um von der Erlaubnis zu profitieren.

fare una puntatina = auf einen Sprung hineinschauen, einen ganz kurzen Besuch machen.

far quadrare i conti = die Rechnung aufgehen lassen.

far quattro passi = ein paar Schritte gehen (es dürfen auch mehr als vier sein).

far quattro salti = ein bißchen tanzen (*salti* sind eigentlich Sprünge!), oft hört man von den sogenannten

quattro salti in famiglia.

farsi in quattro per una persona = sich umbringen für jemanden, vor lauter Eifer natürlich und mitnichten in Wirklichkeit!

fare questo e quello = alles mögliche tun.

fare il saputello = den Neunmalklugen spielen.

fare oder *giocare a scaricabarile* bedeutet »die Verantwortung abschieben«. Der Ausdruck ist wohl von einem Spiel genommen, bei dem zwei Kinder, die mit dem Rücken zueinander stehen, die Arme verhaken und sich gegenseitig auf den Rükken nehmen,

barile heißt übrigens »Faß« und

scaricare »abladen«.

far scenate = wie im Deutschen »Szenen machen«.

non fare lo spavaldo! = Sei nicht unverschämt!

fare tanto per dire = nur so tun, nicht ernst meinen.

fare in tempo heißt nicht etwas rechtzeitig tun, sondern zur rechten Zeit dasein.

fare del tifo (*tifo* = Typhus!) = fanatisch sein, leidenschaftlich Partei ergreifen, vor allem bei Sportveranstaltungen, wahrscheinlich weil diese Art von Fanatismus ansteckend ist wie der Typhus!

fare un buon trattamento = damit ist nicht eine gute Behandlung, z. B. beim Arzt, gemeint, sondern bei Einkäufen oder im Hotel, wenn es sich etwa um den Preis oder um die Rechnung handelt.

fare l'università heißt einfach »studieren«, sozusagen als Beruf, wie

fare l'ufficiale = Offizier sein, als Beruf gemeint.

far versi = leider heißt das nicht »Gedichte schreiben«, sondern nur irgendwelche Laute von sich geben.

far l'amore = sich lieben; aber wie Sie verstanden haben, ist damit weniger das Gefühl als – die physische Tätigkeit gemeint.

farsela con qualcuno = mit jemandem gehen (ein junger Mann mit einem Mädchen), wörtlich heißt es »sich es mit jemand machen«.

farne di cotte e di crude oder *farne di tutti i colori* = wörtlich: etwas Gekochtes und Rohes, oder: etwas in allen Farben machen; der Sinn ist: alle nur erdenklichen Streiche anstellen. Man sagt auch

dirne di cotte e di crude oder *di tutti i colori* = kein Blatt vor den Mund nehmen.

fare il muso = ein Gesicht ziehen.

ha fatto il muso lungo così = (mit der entsprechenden Geste) er hat so ein langes Gesicht gemacht.

chi me lo fa fare? = eigentlich: Wer zwingt mich, das zu tun? Im

Deutschen würde man etwa sagen: Wozu? Was habe ich davon? Ich denke ja gar nicht daran, das zu tun!

fare la bella vita = sich ein schönes Leben machen, ein Faulenzerdasein führen.

far colpo = Eindruck machen, Aufsehen erregen.

farsi forte di una cosa – far valer le proprie ragioni = seinen Argumenten Geltung verschaffen.

far i conti senza l'oste = die Rechnung ohne den Wirt machen.

non star a far tanti miracoli! = Mach nicht so viele Geschichten!

farsi vivo = ein sehr hübscher und sehr typischer Ausdruck, den Sie immer wieder hören werden; wörtlich: »sich lebendig machen«, also etwas von sich hören lassen.

la gallina fa l'uovo = das Huhn legt ein Ei.

un tipo che aveva fatto il Cervino = ein Kerl, der das Matterhorn bezwungen hatte.

questo cappello fa tanto Capri = dieser Hut »macht« Capri, mit diesem Hut siehst du aus wie die Leute in Capri.

non vorrai mica fare il pitocco = du wirst hoffentlich nicht den Geizkragen spielen wollen.

fare lo spogliarello bedeutet Striptease; natürlich haben die Italiener, hier wahrscheinlich die Römer, im Gegensatz zu den Deutschen, gleich ein Wort für diese »Tätigkeit« gefunden, das mit seiner gutmütig-ironischen Endung die Sache in die natürliche Ordnung einbezieht und ihr die exotisch beunruhigende Spannung nimmt.

fare la mossa (*mossa* kommt von *muovere* = bewegen) bedeutet, die Bewegung oder Geste des Bezahlens machen, in der stillen Hoffnung, daß es bei der Geste bleiben kann und der andere bezahlt. Dazu muß man aber wissen, daß es in romanischen Ländern nicht üblich ist, daß jeder für sich bezahlt, sondern immer einer den oder die anderen einlädt, wobei es dann oft lebhafte Diskussionen um die Ehre, bezahlen zu dürfen gibt.

farla a qualcuno = jemanden hereinlegen.

farsi alla finestra = ans Fenster treten.

farsela addosso = wörtlich: in die Hosen machen, meist in übertragener Bedeutung im Sinn von Angst haben gebraucht.

questo non fa per me = das ist nichts für mich.
fare di tutto per = alles aufbieten um . . .
non faccio per vantarmi = nicht daß ich mich damit rühmen möchte.
Quanto Le devo? Faccia Lei! = Was bin ich Ihnen schuldig? Wie Sie meinen! Auf alle Fälle ist es ratsam, für alle Dienste, die man in Anspruch nimmt, sei es eine Bootsfahrt oder eine Stadtrundfahrt, in
»carrozza«, vorher einen festen Preis zu vereinbaren.
un mese fa, tre anni fa = vor einem Monat, vor drei Jahren.
come fai a leggere così? = Wie kannst du nur so lesen?
fare a gara = etwas um die Wette tun.
hai un bel fare! = da kannst du machen, was du willst!
si fa giorno = es wird Tag, es wird hell.
sul far della sera = bei Einbruch des Abends.
che ora fa? = wie spät ist es?
che ora fai? Io faccio le due = Wie spät ist es bei dir? Wie spät hast du? Bei mir ist es zwei Uhr.
questa notte abbiamo fatto le quattro = heute nacht hat es bis vier Uhr gedauert, sind wir bis vier Uhr aufgeblieben.
fare un tiro a qualcuno = jemandem einen Streich spielen.
far di necessità virtù = aus der Not eine Tugend machen.
far le scarpe a qualcuno = intrigieren, gegen jemand arbeiten.
fare le facce, auch *fare le boccacce* = Gesichter schneiden, Fratzen ziehen.
farsi la macchina, farsi la casa ist sehr gebräuchlich in der Umgangssprache, bedeutet nicht nur, daß man ein Haus, einen Wagen gekauft hat, sondern daß man es so weit gebracht hat.
non mi fa nè caldo nè freddo = das läßt mich ganz kalt.
far tribolare = quälen, Sorgen bereiten.
non ce la fa più a fare le scale! = er schafft es nicht mehr, die Treppen hinaufzugehen!
ce l'ho fatta! = Ich habe es geschafft!
pensa a far i fatti tuoi! = Denk' an deinen eigenen Kram!
l'ha fatta grossa = *ne ha combinato una delle sue* = da hat er mal wieder etwas Schönes angerichtet.

Zum Abschluß ein Sprichwort:
Tra il dire e il fare – c'è di mezzo il mare.
Zwischen Sagen und Tun – dazwischen liegt das Meer!

mettere = setzen, stellen, legen

Mettere radici = Wurzel schlagen.
mettere in fuga = in die Flucht schlagen.
ho messo tre ore per questa strada = ich habe drei Stunden gebraucht für diese Strecke.
mettere in moto, in marcia = den Motor anlassen, aber:
mettersi in marcia = aufbrechen.
mettere a posto heißt aufräumen, etwas an seinen Platz stellen, wenn es sich aber auf eine Person bezieht, wie z. B.
quello lo metto a posto io!, dann bedeutet es etwa: »Dem werde ich gehörig die Meinung sagen«; im gleichen Sinne wird gebraucht
quello lo sistemo io!
mettere alla porta qualcuno = jemanden hinauswerfen.
mettere zizzania = Zwietracht stiften (*zizzania* ist eigentlich Unkraut).
mettere alla berlina = an den Pranger stellen, wobei
berlina freilich nichts mit Berlin zu tun hat, sondern von dem mittelalterlichen lateinischen
berlenghum = Brett herkommt.
mettere i bastoni tra le ruote würde wörtlich heißen: einen Stock in die Räder stecken, und bedeutet: einen Stein in den Weg legen.
mettere le mani avanti = einem Einwand zuvorkommen.
mettere i punti oder *i puntini sugli i* = etwas aufs i-Tüpfelchen genau nehmen.
questa pizza piccante mette sete = *fa venir la sete* = diese scharfe *pizza* macht Durst.
quanto me la mette questa borsetta? = Was soll diese Handtasche kosten?
metter su casa = einen Haushalt einrichten.
questo affare si mette bene = ieses Geschäft läßt sich gut an.

mettersi in cammino = ich auf den Weg machen.
mettersi in ghingheri = sich fein machen.
mettersi a tavola = sich zu Tisch setzen.
mettersi a letto = sich legen (wenn man krank ist), aber
andare a letto = zu Bett gehen (abends).
mettersi il cuore in pace = sich mit etwas abfinden.
mettersi in testa una cosa heißt nicht etwa, sich einen Hut aufsetzen, sondern sich etwas in den Kopf setzen, oder auch verstehen, begreifen.
mettiamo che . . . = nehmen wir an, daß . . . – Vollständig müßte es heißen
mettiamo il caso che . . . oder *puta caso che . . .* = wie man ja auch deutsch sagt: »Gesetzt den Fall, daß . . .«

prendere = nehmen, das gleiche ist *pigliare*

Prendere una medicina heißt eine Arznei einnehmen, ebenso wie
prendere un caffè = Kaffee trinken.
che cosa prendi? = Was trinkst du? oder: Was möchtest du?
prendere di mira = zielen, aufs Korn nehmen.
mi ha preso di mira heißt dasselbe wie
ce l'ha con me, auf deutsch: er ist böse mit mir.
mi vuol prendere per fesso = er will mich für dumm verkaufen – worauf ich erstaunt frage:
ma che ti prende? = Was fällt dir ein? Was ist los mit dir? Oder ich sage empört:
ma per chi mi prende? = Für wen halten Sie mich eigentlich? Und später erzähle ich:
Quel tipo è veramente da prendere con le molle = dieser Kerl ist wirklich unglaublich (= mit der Feuerzange anzufassen)! Ich hätte natürlich Lust,
di prendere la rivincita = Rache zu nehmen, also
prendo il coraggio a due mani = ich fasse mir ein Herz (= ich fasse den Mut mit beiden Händen),
prendo la palla al balzo = ich fasse die Gelegenheit beim Schopf, wörtlich: ich fange den Ball im Flug,

e lo prendo a schiaffi! = ich ohrfeige ihn! Genug mit der Geschichte, weiter gibt es:

prendere un granchio = einem Irrtum unterliegen. Der Ausdruck kommt wohl von den Fischern, die glaubten, einen guten Fang gemacht zu haben, und, als sie das Netz herauszogen, nur einen *granchio* = Krebs darin fanden.

prendere uno smacco = einen Korb erhalten.

prendere una scuffia oder *una cotta* = sich einen Rausch, sei es vom Wein oder von der Liebe (das ist heutzutage die weit häufigere Anwendungsweise), holen.

prendere in giro = sich über jemand lustig machen, jemanden verulken, auf den Arm nehmen.

prendere cappello = eigentlich seinen Hut nehmen, es bedeutet aber etwas übelnehmen; das gleiche heißt

prendersela oder *prendersela a male* und wird häufiger gebraucht.

andare oder venire a prendere qualcosa heißt etwas holen; wie im Französischen läßt sich dieses deutsche Verb nur in der Umschreibung ausdrücken.

prendersi la briga oder *la pena* = sich die Mühe machen.
prendere a destra = sich nach rechts halten.
prendere quota = aufsteigen (beim Flugzeug).
prendere gusto = Geschmack an einer Sache finden.
prendere alla lettera = wörtlich nehmen.
prendere in parola = beim Wort nehmen.
sager prendere ognuno per il suo verso = jeden auf seine Weise zu nehmen verstehen.
prendere per la gola heißt nicht etwa an die Gurgel springen, sondern jemanden an seiner schwachen Stelle nehmen.
gola heißt zwar Gurgel, entspricht aber in der übertragenen Bedeutung mehr dem deutschen Gaumen.
prendere lucciole per lanterne oder *fichi per fiaschi* = wörtlich: ein Glühwürmchen für eine Laterne nehmen oder eine Feige für eine Flasche Wein = in der Bedeutung: aus einer Mücke einen Elefanten machen.
prendi su e porta a casa = Da hast du's! Dir hab ich's gegeben!
prendere il largo = das Weite suchen.
prendere sul serio una cosa = etwas ernst nehmen.
prendere una cosa a cuore = sich für etwas einsetzen, interessieren, das deutsche »sich etwas zu Herzen nehmen« entspricht nicht genau dem Sinn.

Nun noch eine Gruppe von verschiedenen Verben, die typische und oft sehr bildliche und amüsante Redewendungen bilden:
essere abbacchiato, in gedrückter Stimmung sein;
essere in bolletta, (*bolletta* = Pfandschein!) ebenso wie
essere al verde, abgebrannt, ohne einen Pfennig sein. Da schon vom Geld die Rede ist:
non aver più il becco di un quattrino, keinen roten Heller mehr haben;
essere senza quattrini, kein Geld haben:
essere sempre il solito squattrinato, derjenige sein, der immer kein Geld hat;
non aver spiccioli, non aver moneta = kein Kleingeld haben;
aver un bel gruzzoletto da parte, ein schönes Stück Geld gespart haben;

essere spilorcio oder *tirchio* = geizig sein; dagegen *spendereccio* = verschwenderisch.

essere ancora in alto mare, wörtlich: noch auf hoher See sein, das heißt, mit einer Arbeit oder mit einem Unternehmen noch längst nicht fertig sein, weit entfernt vom Ziel.

essere in forse, wörtlich: »Im vielleicht sein«, das heißt unentschlossen, unsicher sein.

essere all'altezza della situazione, auf der Höhe einer Situation sein, einer Situation gewachsen sein.

essere in una botte di ferro, wörtlich: in einem eisernen Faß stecken, also, einer Sache ganz sicher sein.

essere sulla breccia, wörtlich: in der Bresche stehen, also tatendurstig, aktiv sein.

non essere il primo venuto, nicht der Erstbeste sein.

essere la quinta o l'ultima ruota del carro, das fünfte oder letzte Rad am Wagen sein.

essere il fanalino di coda, das Schlußlicht bilden, der Allerletzte sein.

essere giù (di morale, di salute), bedrückt sein, sich schlecht fühlen.

stare nei guai, sich in einer schlimmen Lage befinden.

sentirsi rinfrancato, sich besser fühlen, neuen Mut gefaßt haben.

rimanere di stucco (*stucco* = Gips), vor Schreck, vor Staunen erstarren.

andare a spasso, zum Vergnügen spazierengehen – das deutsche Wort Spaß kommt nämlich aus dem Italienischen; *che spasso!* und heißt: »Was für ein Spaß!«

andare in bestia, wütend werden, außer sich geraten (eigentlich: zum Tier werden vor Zorn).

andare fuori (oder *uscire*) *dai gangheri* bedeutet dasselbe; (*ganghero* = Türangel).

andare per la maggiore, sich großer Beliebtheit erfreuen.

andare sino in fondo ad una cosa, einer Sache auf den Grund gehen.

venire ai ferri corti, wörtlich: »zu den kurzen Waffen kommen«, also wie »Kampf bis auf's Messer«, jedoch in übertragenem Sinn für hartnäckig Streitende gebraucht.

avvicinarsi quatto quatto, sachte, sachte näherkommen.

uscire oder *cavarsela pel rotto della cuffia,* wie durch ein Wunder davonkommen.

correre a perdifiato oder *correre all'impazzata,* wie verrückt rennen.

partire a tutta birra, ganz schnell lossausen.

correre ai ripari, Abhilfe schaffen.

chi va là? Wer da?

è bell'e andato! Das ist hin!

darla da bere a qualcuno, jemandem etwas weismachen.

dare un pugno, einen Faustschlag versetzen.

dare il via, das Startzeichen geben.

dare spago, dare corda, nachgeben.

dare filo da torcere, zu schaffen machen.

dare retta a qualcuno, jemandem Gehör schenken, folgen.

darsi arie, sich aufspielen, angeben.

darsi da fare, sich bemühen.

darsi alla pazza gioia, sich amüsieren.

lasciar andare, lasciar correre, eine Sache laufenlassen, sich nicht weiter darum kümmern.

lasciar desiderare, zu wünschen übriglassen.

lasciare oder *piantare in asso,* im Stich lassen.

cambiare il disco, eine neue Platte auflegen.

cambiare i connotati, (*i connotati* sind die persönlichen Kennzeichen) jemanden unkenntlich machen – es wird hauptsächlich als Drohung gebraucht.

mi cambierebbe mille lire? Würden Sie mir einen Tausendlire-Schein wechseln?
cambiare treno, umsteigen.
cambiare della merce, Waren umtauschen.
cambiarsi l'abito, sich umziehen.
cambiati, mio caro, il tuo carattere è impossibile, du mußt dich ändern, mein Lieber, dein Charakter ist unmöglich.
il tempo cambia, das Wetter ändert sich.
cambiare le carte in tavola, wörtlich: die Karten auf dem Tisch vertauschen, das heißt, etwas schon Gesagtes wieder ändern, nicht bei dem Gesagten bleiben.
dire chiaro e tondo, rundheraus sagen, klipp und klar sagen.
dire accademicamente, theoretisch, ganz im allgemeinen, ohne konkrete Beziehung, sprechen.
dire mirabilia di uno, Wunderdinge von einem berichten.
parlare a quattr'occhi, unter vier Augen sprechen.
avere una parlantina, redselig, gesprächig sein.
avere una bella chiacchiera, recht geschwätzig sein.
rispondere per le rime oder *rispondere picche,* die Antwort nicht schuldig bleiben.

non mi dice nulla quella faccia, ein nichtssagendes Gesicht.
avere un bel dire, gut reden haben.
cosa vuol dire questo? Was soll das bedeuten?
come sarebbe a dire? Was soll das heißen?
tenere il coltello per il manico, das Heft in der Hand haben.
tenere a stecchetto qualcuno, jemanden knapp halten.
tenersi buono qualcuno, sich jemanden gewogen machen, wohlwollend erhalten.

11

EIN PAAR WORTE IM FLÜSTERTON – NUR FÜR HERREN

Die Italiener sind leider – ich bedaure sehr, das zugeben zu müssen –

più sboccati = ungenierter und unanständiger in ihren Redegewohnheiten als die Deutschen, Österreicher, Schweizer oder auch andere, und von den Italienern nehmen vielleicht die Toskaner den ersten Platz ein:

»I toscani hanno il cielo negli occhi e l'inferno in bocca« = »die Toskaner haben den Himmel in den Augen und die Hölle im Mund«, sagt ein Sprichwort. Aber gleich hinter den Toskanern, die Dante als schreckliche Flucher anprangerte, kommen ihre Nachbarn aus der Romagna und die Römer, um nur die hartnäckigsten und – gestatten Sie mir den Ausdruck – malerischsten der Flucher zu nennen. Ein merkwürdiger Menschenschlag sind diese Italiener – von uralter Herkunft, und so haben sie in ihrer heutigen Sprache noch die Straßenausdrücke von gestern lebendig erhalten, Flüche, die einen erschrecken und das Blut in die Wangen treiben. Gerade, wenn man es am wenigsten erwartet, schleudern sie eine Reihe von Schimpfwörtern heraus, die wahrlich alles andere als liebenswürdig und sauber sind.

So kommen wir denn auch nicht darum herum, einige davon festzuhalten (für alle müßte man wohl ein ganzes Buch haben) – und es wäre auch unmöglich, sie abgesondert von dem Jargon oder dem Dialekt, der sie hervorgebracht hat, zu erklären oder gar zu übersetzen!

Hier sind sie also, diese Ausdrücke, wir geben sie wieder und entschuldigen uns gleich dabei, wenn wir sie vielleicht vor gar zu empfindlichen Ohren erwähnen, doch wollen wir auch nicht scheinheilig sein und sie ganz verschweigen. Jeder Roman, der in Mode ist, und also jeder Schriftsteller, der etwas auf sich hält, bemüht sich ja heute, sie im Überfluß auszustreuen. Wir dagegen wollen nur keine falsche Prüderie zur Schau tragen – selbst wenn immer wieder und sehr häufig Bezeichnungen für die männlichen oder weiblichen Attribute unter der Gürtellinie in diesem Zusammenhang auftauchen. Die verschiedenen Flüche und Schimpfwörter (die Reihenfolge zeigt eine Steigerung von den Harmlosen zu den Stärkeren!), die wir nicht übergehen dürfen, lauten:

Per Dio! = Bei Gott!

Dio ti strafulmini! = Gott möge dich mit dem Blitz durchbohren, Gott strafe dich!

Mannaggia! = Verflucht!

Va a quel paese! Va a ramengo! = Geh zum Teufel!

Va in malora! Alla malora! = Ins Verderben mit dir! Hol dich der Teufel!

All'animaccia tua! = Bei deiner schwarzen Seele!

Ammazzalo! Ammappelo! Ammazzete! = Verflixt, Donnerwetter noch mal!

Agli mortacci tuoi! (römischer Fluch) = Bei den schlechten Kerlen von deinen Toten!

Figlio di buonadonna! Figlio di buonamadre! Figlio di una mignotta = Hurensohn!

Ehe wir zu noch Schlimmerem kommen, sei hier noch eine milde und gutmütige Anrede zitiert:

bellezza mia! Caro mio! Caro te! etwa: mein Lieber! – *bellezza* hat hier eigentlich nichts mehr mit Schönheit zu tun, denn diese Anrede wird ebenso für Männer gebraucht.

Nun kommt eine ganze Reihe, die mit Vorsicht zu behandeln sind, Sie sollen sie nur kennenlernen, nicht etwa selbst anwenden! Zum Gebiet der »Liebe« – immerhin – gehören:

scopare, chiavare, fottere sind drei Verben, die in vulgärer Sprache oder im Soldatenjargon die Tätigkeit des Koitus bezeichnen; dazu kommen noch *mietere* und *paludare,* von Pasolini aus dem römischen Jargon zitiert. Zu den obengenannten gehören die folgenden Substantive, die demnach den Koitus wiedergeben: *chiavate, scopata, fottuta.*

Farsi una sega, farsi un ditalino bezeichnet die männliche oder weibliche Onanie.

Il goldone bezeichnet das Schutzmittel; der Name ist entstanden aus der Mißbildung des englischen Wortes Condom, welches der Name des englischen Arztes war, der seinen Gebrauch einführte.

Cazzo bedeutet, ebenso wie die folgenden Ausdrücke, das männliche Glied; man vermeidet gewöhnlich das Wort ganz auszusprechen und macht daraus

ca . . . volo, so deformiert, kann man das Wort oft hören, wie zum Beispiel

col cavolo che faccio questo = ich denke gar nicht daran, das zu tun.

Cacchio bedeutet dasselbe, noch um eine Nuance unanständiger, auch hier sagt man

col cacchio . . ., wenn man »gar nicht« meint.

Fava, bischero, belin, ciulla bezeichnen alle den gleichen Körperteil auf vulgäre Weise,

bischero und *ciulla* sind zugleich grobe Schimpfworte für einen Dummkopf.

Das weibliche Organ wird im Norden mit

figa, im Süden mit *fica* bezeichnet, daher die grobe Redensart:

guarda che bella figa! = Sieh, das hübsche Mädchen!

Das Gleiche wird auch mit

sorca, patacca oder *mona* bezeichnet, *mona* kommt aus dem venezianischen Dialekt und wird auch als gutmütiges Schimpfwort mit dem Sinn von Dummkopf verwendet. *Minchia* und *mizzica* ist ursprünglich auch nichts anderes, es ist in Sizilien hauptsächlich zu hören, aber mehr als Ausruf des Erstaunens; von *minchia* kommt *minchione*, was wiederum Dummkopf bedeutet. Auch *fregna* ist dasselbe, daher kommt der Ausdruck

avere le fregne, das heißt eigentlich das monatliche Unwohlsein haben. Wenn jemand sagt: *»ma che ha, ha le fregne oggi?«* so bedeutet das, daß die Betreffende heute launisch und nervös ist. Für das Unwohlsein sagt man übrigens auch: *avere il marchese.*

Un bel casotto kommt von *casino* = Puff, wie wir im Kapitel über die Liebe gelesen haben, und bedeutet »ein schönes Durcheinander«.

Sputtanarsi – die Herkunft ist deutlich! – heißt soviel wie *squalificarsi* = sich disqualifizieren; etwa

in quel modo si è sputtanato! Auf diese Weise hat es sich selbst disqualifiziert!

Jetzt eine Reihe von Ausdrücken – nach ihrer Grobheit eingestuft, die Schlimmsten kommen zuletzt –, die bedeuten, daß einen etwas ganz gleichgültig läßt, daß man darauf pfeift:

impiparsi, infischiarsi (zum Beispiel *me ne infischio*), *fregarsene* (zum Beispiel *me ne frego, chi se ne frega*), *fottersi* (*me ne fotto* – was einen Ton von arroganter Grobheit hat).

Tirano a fregarsi l'un l'altro ebenso wie

tentano di fottersi heißt: Sie fügen sich gegenseitig Schaden zu.

Va a farti fottere heißt dasselbe wie *»va al diavolo«*, ist aber im Ton noch viel gemeiner.

sfottere = *prendere in giro* = sich über jemand lustig machen, ihn verspotten.

strafottente ist das Gleiche wie *prepotente* = anmaßend, unverschämt.

Non rompermi le scatole! Non rompermi le tasche! Non rompermi i coglioni bedeutet, in steigender Rohheit ausgedrückt »Stör' mich nicht! Belästige mich nicht!«

Non me ne importa un cazzo = es ist mir vollkommen schnuppe,

non farmi incazzare, non farmi arrabbiare = ärgere mich nicht!

incazzarsi = *arrabbiarsi* = sich ärgern,

fare una cazziata = den Kopf waschen, einen Tadel erteilen,

cazzone! = sehr vulgär für Dummkopf, Idiot,
è un coglione desgleichen;
coglioneria ist eine Riesendummheit.
fottuto sagt man für *maledetto* = verflucht.
mezza cartuccia und *mezza pugnetta* bezeichnet einen Kerl, der zu nichts taugt, eine Null, wobei das zweite noch gemeiner ist.

12

EINE PRISE GRAMMATIK

Ja, eine Prise Grammatik, nicht mehr und nicht weniger, nur soviel, wie eine Prise Tabak für die Pfeife, die uns nach einem Arbeitstag bald in eine angenehme Atmosphäre versetzt bei der Lektüre unserer Zeitung oder eines Buches . . .
Was wollen wir aus der italienischen Grammatik herausholen, um sie, wie an einem roten Faden, immer bei der Hand zu haben und um das Gedächtnis aufzufrischen? Ich möchte mich wirklich kurz fassen und Ihnen nur ein paar Dinge sagen, die mir wesentlich und besonders charakteristisch erscheinen und die es sich einzuprägen lohnt. Auch hier werden wir natürlich die Gelegenheit wahrnehmen, ein paar besonders lebendige Ausdrücke herauszufinden.
Alles, was sonst noch zur italienischen Grammatik gehört, die ziemlich breit in ihrer Struktur und reich an Möglichkeiten ist, rate ich Ihnen, in einem von den zahlreichen Grammatikbüchern aufzusuchen.
Die Aussprache des Italienischen bietet keine besonderen Schwierigkeiten, ich möchte Ihnen nur anraten, die Vokale immer ziemlich offen auszusprechen, weil im Deutschen die Tendenz vorherrscht, sie mehr als geschlossenen Laut zu bilden; ferner sollten Sie sich darum bemühen, die doppelten Konsonanten auch doppelt auszusprechen, weil sonst leicht Mißverständnisse vorkom-

men können. Abweichend vom Deutschen ist nur die Aussprache des c und g, für die ich Ihnen gleich einige Beispiele geben will: c und g werden immer hart (wie das deutsche k und g) ausgesprochen, wenn a, o oder u folgen:

il callo = die Hornhaut, *il collo* = der Hals, *la calle* = die venezianische Gasse, *la culla* = die Wiege, *il cuore* = das Herz.

il gallo = der Hahn, *gaio* = fröhlich, *la gola* = die Gurgel, der Gaumen, *il gufo* = der Uhu, *la guerra* = der Krieg.

Das h, das im Italienischen nie aspiriert wird – deshalb ist es für die Italiener so schwer auszusprechen –, hat aber eine sehr wichtige Funktion, um die Aussprache des c und g zu regulieren, indem es deren harte Aussprache erhält, auch wenn beim Konjugieren oder Deklinieren ein e oder i folgt; denn ohne dieses h würde das Wort bald eine andere Bedeutung erhalten, wie etwa bei

io prego = ich bitte, tu preghi = du bittest. Aber *i pregi* = die Vorzüge. *L'oca* = die Gans, *le oche* = die Gänse.

Wenn auf c und g die Vokale e oder i folgen, haben sie immer eine weiche Aussprache (wie tsch und dsch):

la cima = der Gipfel, *cenare* = zu Abend essen, *il cielo* = der Himmel, *girare* = kreisen, wenden, *il gesto* = die Geste, Gebärde, *Giuseppe* = Joseph.

Achten Sie bitte auf diese Schreibweise von Joseph und schreiben Sie nicht Guiseppe, das, nach dem, was ich Ihnen gesagt habe, eine ganz andere Aussprache haben würde, und doch wird es in Deutschland so oft, selbst auf dem Theaterprogramm als Vorname von Verdi etwa, falsch geschrieben.

gn wird wie nj ausgesprochen, zum Beispiel:

signora, lagnarsi (sich beklagen);

gli oder *glie* wird wie *lj* ausgesprochen, wie *famiglia, paglia* (Stroh).

Das r wird als Zungen-r ausgesprochen, das s auf zwei Arten: stimmlos und stimmhaft. Stimmlos bei *speranza, stare,* stimmhaft bei *sbadato* (zerstreut), *sdentato* (zahnlos).

Das Italienische hat keine Deklinationen, sondern bildet die verschiedenen Fälle durch den Gebrauch von Präpositionen, die mit dem Artikel verschmolzen werden *(preposizioni articolate).*

Der bestimmte Artikel:

männlich:	sing.	il	l'		lo
	plur.	i		gli	
weiblich:	sing.		la		l'
	plur.			le	

l' – sowohl männlich wie weiblich – vor Worten, die mit Vokal beginnen.

lo vor z und dem sogenannten »*s impuro*«, das heißt dem s mit folgendem Konsonant.

Der unbestimmte Artikel:

männlich:	un	uno	(vor s impuro)
weiblich:	una	un'	(vor Vokal)

Achten Sie darauf, daß *un* männlich nie apostrophiert wird, auch nicht vor Vokalen!

Der Artikel muß immer vor *signor, signora, signorina* oder Titeln wie *dottore* stehen, wenn der Name folgt: *Il signor Brambilla, la dottoressa Bianchi. Signore, dottore, professore* usw. verlieren jedoch das e am Ende, wenn der Name folgt.

Die Endungen der Substantive:

männlich:	sing.	– o	plur.	
		– e		– i
		– a		
weiblich:	sing.	– a	plur.	– e
		– e		– i

Achten Sie darauf, daß es männliche Substantive mit der Endung auf a gibt, obwohl das – a eigentlich die weibliche Endung ist, wie zum Beispiel

il poeta (der Dichter), *il telegramma* usw.

Die Adjektivformen werden in der gleichen Weise verändert:

männlich:	– o	– i	weiblich	– a	– e
	– e			– e	– i

Die Adjektive mit der Endung -e werden unverändert sowohl für männliche als auch weibliche Substantive verwendet.

Beachten Sie bitte, daß der Singular von

carabinieri il carabiniere ist; man spielt

a bocce (giocare a bocce) und nicht a boccia – denn *boccia* ist singular – wie oft in den Zeitungen falsch zu lesen war, als der ehemalige deutsche Bundeskanzler, Dr. Adenauer, in Cadenabbia weilte. Der Plural von

bambino ist übrigens *bambini,* nicht bambinos, wie man es oft in Deutschland hört.

Schwierig ist die Pluralbildung der weiblichen Substantive, die auf *cia* und *gia* im Singular enden. Es streiten sich sogar die Philologen darüber. Es hilft deshalb wenig, es nach phonetischen Regeln erklären zu wollen, ich kann Ihnen nur raten zu lernen, daß häufiger die folgende Pluralbildung vorkommt:

audacie (Kühnheiten), *ferocie* (Grausamkeiten), *fiducie* (plur. von Vertrauen), *socie* (Mitglieder), *cacce* (Jagden), *bocce, rocce* (Felsen), und weiter *provincie,* aber auch *province,* und *pronuncie, rinuncie, denuncie; pronuncie* = Aussprachen, *rinuncie* = Verzichte, *denuncie* = Denunziationen.

Vom Gebrauch der Personalpronomen ist vor allem zu sagen, daß die Anwendung von diesen als Subjekt sehr sparsam ist, und vor allem in der ersten Person wird das Pronomen weggelassen, denn das konjugierte Verb allein genügt, die Personen zu unterscheiden. Sehr verbreitet ist in Italien die Sitte sich zu duzen, unter Gleichaltrigen, Kommilitonen, Freunden, Kollegen usw. Es wurde einmal gesagt, daß dadurch Streitgespräche gemildert und unangenehme Folgen vermieden werden. Wenn eines Tages jemand zu Ihnen sagt *»Tu sei un imbecille!«* = Du bist ein Dummkopf, so braucht das keine Folgen nach sich zu ziehen, wenn aber derselbe Ihnen sagen würde *»Lei è un imbecille!«*, dann müßte man – so war es wenigstens früher – ihm eigentlich die Sekundanten schicken! In diesem Zusammenhang erwähnen wir noch den Satz

essere a tu per tu = auf du und du stehen. Die Höflichkeitsform ist das *Lei*. In Süditalien, besonders in Kampanien, herrscht das *voi* vor, in manchen Kreisen sogar zwischen Vater und Sohn.

Die Charakteristik des Possessivpronomens ist die Verwendung des Artikels vor dem Pronomen. Ausnahmen bilden Verwandtschaftsbezeichnungen.

Die Stellung des Adjektivs ist sehr frei und läßt viele Möglichkeiten offen. Man kann diese Kunst allmählich zu beherrschen lernen, wenn man auf die Nuancen achtet beim Anhören der Sprache und auch bei der Lektüre von guten Schriftstellern.

Eine besondere Eigenheit der italienischen Sprache ist die Möglichkeit, Substantive und Adjektive durch Endungen auf vielfache Art zu verändern, wie etwa Koseformen, Verkleinerungs- und Vergrößerungsformen und Formen der Verschlechterung, die dem so veränderten Substantiv einen besonderen, wenn nicht sogar einen ganz neuen Sinn geben.

mi sono costruito una bella casetta = ich habe mir ein hübsches Häuschen gebaut.

è tempo di andare a casuccia, was bedeutet, daß es Zeit ist, nach einem außer Haus verbrachten Abend wieder heim zu gehen.

vogliamo fare un pokerino, wir wollen Poker spielen;

quello lì ha un'amichetta, che gli sta sempre appiccicata = der da hat eine nette Freundin, die ihm nicht vom Halse geht.

fare un regaluccio = ein kleines Geschenk machen.

è solo un pensierino, es soll nur eine kleine Aufmerksamkeit sein.

oh, che bel cappellino, dove l'hai trovato? = oh, was für ein hübsches Hütchen, wo hast du es her? (Es versteht sich, daß es viel netter klingt zu sagen trovato statt comprato.)

è tanto carino da parte tua = das ist so nett von dir.

carino ist ein Lieblingswort der Gesellschaftssalons, wo alles *carino* sein kann, und Sie werden selbst feststellen, daß *carino* in einem Gespräch immer hilfsbereit zu sein vermag.

questo vestitino ti sta che è un amore! = Dies Kleid steht dir entzükkend!

la tintarella e lo spogliarello sind keine unbekannten Wörter mehr für Sie und so fahren wir fort:

Aus dem Radio wird *radiola,* aus *un mobile un mobiletto.*

Libretto ist nicht nur ein Operntext, sondern auch ein kleines, schönes, handliches Buch. Aus Mann wird *ometto,* was man scherzhaft von einem kleinen Buben sagt, es kann aber auch Kleiderbügel bedeuten. Aus *sorriso* wird *sorrisetto,* was jedoch immer einen ironischen oder spöttischen Unterton hat. Eine

Kirche, die man in einer Landschaft erblickt, wird automatisch zu einer *chiesetta* .

Zu beachten ist, daß mit manchen Endungen die Substantive sogar ihr Geschlecht ändern können, *la donna* zum Beispiel wird zu *il donnone*, das heißt eine große, starke, männliche Frau. Aus *mano* wird *manina*; Sie kennen doch die Arie aus der »Bohème«: »*quella gelida manina* . . .« Und so könnte ich noch endlos weiter fortfahren. Eines aber muß ich noch erwähnen: Aus *tempo* (Wetter) wird *tempaccio* und aus *vento* wird *venticello: »la calunnia è un venticello* . . .«, *soletto* kommt von *solo* = allein und nicht von *sole* = Sonne. Man sagt *esser solo soletto* = mutterseelenallein.

Bei einem Vergleich steht das Vergleichsobjekt im Akkusativ: etwa *egli è più grande di te* (nicht *di tu*, wie es deutsch wäre) und so auch *tu sei più bravo di me.*

In einem Vergleich zwischen zwei Adjektiven wird nicht *di*, sondern *che* verwendet, zum Beispiel *è più simpatico che intelligente.*

Beim Superlativ wird, im Unterschied zum Französischen, der Artikel nur einmal genannt: zum Beispiel *questo è il palazzo più alto della città*, oder: *questo è il più alto palazzo della città.*

Die Form des absoluten Superlativs auf *issimo, issima* kann auch von *molto* und *assai* ersetzt werden: *è carissimo!* = *è molto, assai caro.*

Von den Zahlen möchte ich nur erwähnen, daß 100 unverändert bleibt, während *mille* im Plural *mila* bildet, zum Beispiel *tre mila, cinque mila*, jedoch »*ti mando mille baci*«.

Dazu noch die folgenden Ausdrücke:

avere tutti i numeri per . . . = alle Eigenschaften haben, alle Voraussetzungen erfüllen, um . . .

dare i numeri = die Selbstbeherrschung verlieren, jähzornig werden.

Ein sehr oft gebrauchtes Sprichwort sagt:

non c'è due senza tre = es gibt keine Zwei, wo nicht ein Drittes dazukommt. Ein anderes versichert fast dasselbe:

tutte le belle cose sono tre = alles Schöne kommt zu dritt – aber eigentlich kann man mit den vier mehr anfangen . . .

fare quattro chiacchiere, ein bißchen plaudern;
devo dirti quattro parole, ich muß ein paar Worte mit dir sprechen;
gliene ho dette quattro, dem hab ich's gegeben;
devo parlarti a quattr'occhi, ich muß dich unter vier Augen sprechen;
far quattro passi, ein paar Schritte gehen;
erano solo quattro gatti, es waren nur vier Katzen, also, es war kaum jemand da;
farsi in quattro per qualcuno, sich für jemanden zerreißen;
fare il diavolo a quattro, da ist der Teufel los;
fare le scale quattro a quattro, bei der Treppe immer vier Stufen auf einmal nehmen;
chuiso sempre fra quattro mura, immer in seine vier Wände eingeschlossen;
in quattro e quattro'otto, im Nu (so schnell, wie man 4 + 4 = 8 rechnet).

Und es ist mitnichten gesagt, daß dies schon alle Wendungen mit *quattro* sind!

una ventina, una decina (immer mit der Endung *ina*) bezeichnet nur eine ungefähre Anzahl.

Im Italienischen ist eine doppelte Verneinung möglich, zum Beispiel:

non era pronto nessuno, non ho visto nessuno, non lo sapeva nessuno.

Wenn jedoch *nessuno* am Anfang des Satzes steht, gibt es keine doppelte Verneinung: *nessuno lo sapeva.*

Ein typischer Ausdruck der lebendigen Sprache ist *mica*:

non aveva mica nulla, wo *mica* eine pleonastische Verstärkung ist.

Ma non è mica niente! Non è mica vero! Non è mica male, oder einfacher *mica male!* (Aber das ist gar nichts! Das ist doch gar nicht wahr!

Das ist gar nicht übel, nicht schlecht!) Eine ganz andere Bedeutung hat aber

meno male = desto besser.

Das Relativpronomen, das wegen seiner einfachen Anwendung am meisten gebraucht wird, ist das *che,* das unveränderlich ist und außerdem für Einzahl und Mehrzahl, männlich wie weiblich gleichermaßen gilt. Es wird aber nur für den Nominativ und Akkusativ verwendet, in allen anderen Fällen wird *il quale* oder *la quale* mit den verschiedenen Präpositionen Anwendung finden.

Eine schwerfällige und nunmehr antiquierte Form ist die des *cui* mit Artikel, die ich aber doch erwähnen möchte:

La signora, le cui figlie tu conosci; la signora, le figlie della quale tu conosci = Die Dame, deren Töchter du kennst. *Il libro, il cui autore non so ricordarmi; il libro, l'autore del quale non mi ricordo* oder auch: *il libro, del quale non mi ricordo l'autore.*

Das *chi* = wer, kann von den Formen *colui che, colei che,* im Plural durch *coloro che* ersetzt werden.

Das *ciò* = das, dies, wird vor allem in der Form *ciò che* = das, was, gebraucht, oder mit den verschiedenen Präpositionen. *E con ciò?* Und damit? Es kann auch mit *quanto* ersetzt werden, zum Beispiel

Quanto mi hai detto, mi sorprende = was du mir gesagt hast, überrascht mich.

Schließlich noch die Interrogativpronomen: *che, che cosa, cosa? che vuoi? che cosa vuoi? cosa volevi? cosa è successo? Sai dirmi che è successo? Che cosa ti è capitato?*

Das deutsche »während« wird mit *mentre* übersetzt, wenn ein Verb folgt, dagegen mit *durante,* wenn ein Substantiv folgt.

Von den Verben sprechen, ist wie von etwas Lebendigem zu sprechen, in einer Grammatik sicher das Lebendigste. Unwichtig ist es hier zu sagen, daß es im Italienischen drei Konjugationen gibt, es ist wichtiger, daß ich hier darauf hinweise, daß im Italienischen, im Gegensatz zum Deutschen, der Gebrauch des Perfekts viel häufiger ist: *ho fatto, ho detto* usw. für eine kurz vorher abgeschlossene Handlung. Sehr oft muß das deutsche Imperfekt deshalb mit dem Perfekt übersetzt werden. Es überrascht dagegen, daß in Sizilien der Gebrauch des *passato remoto (passé défini)* auch in den Fällen geschieht, wo die Tätigkeit erst unmittelbar davor abgeschlossen ist. Zum Beispiel: Es klingelt an der Tür und das Hausmädchen wird sagen: *»fu il tal dei tali«,* war statt ist. Nicht nur vergessen ist eine Eigenart der italienischen Sprache, die es erlaubt, daß die Imperativform und das Infinitiv des Verbs mit dem Pronomen verschmilzt, zum Beispiel *dimmi = dì a me, dammi = dai a me, non so come dirtelo = non so come dirlo a te* das heißt *non so come dire questa cosa a te.*

Anders als im Deutschen verlangt das reflexive Verb im Italienischen als Hilfsverb *essere* = sein und nicht *avere* = zum Beispiel: *mi sono lavato, mi sono rallegrato.*

Die Passivform wird mit *essere* und auch mit *venire* gebildet.

Eine typisch italienische Verbform ist das Gerundium, mit seiner Endung »ando« oder »endo« zum Beispiel: *andando in tram, leggeva sempre un giornale.* Um diese Form anwenden zu können, muß das Gerundium das gleiche Subjekt haben wie der Hauptsatz.

Hier ist nicht der Ort, um die Regeln für den Gebrauch des Konjunktivs zu untersuchen; Sie können sie in jeder guten Grammatik finden und ich empfehle Ihnen, sie sich mit Geduld und Ausdauer anzueignen.

Ich schließe diese kurze Übersicht der bemerkenswerten Stellen der Grammatik mit einer Rückkehr zur Umgangssprache, – hier ein wohlklingendes Verb, das an den *ballo* = Tanz erinnert, aber etwas ganz anderes bedeutet: *sballare,* was vor allem im Partizip der Vergangenheit angewendet wird:

un orario sballato = ein ganz falscher Fahrplan,
un motore sballato = ein kaputter Motor,
fare affari sballati = dumme, schlechte Geschäfte machen. Und nun möchte ich sagen, daß es Zeit ist
di piantarla, nämlich aufzuhören! Also machen wir jetzt Schluß, wobei wir nicht vergessen wollen, daß keine Grammatik die Praxis ersetzen kann, und eine Sprache praktizieren, bedeutet sie zu sprechen, zu hören, und zu lesen. Viel Glück dabei!

Wörter, auf deren Geschlecht man gut achten sollte:

la botte, le botti = das Faß
la botta, le botte = Hiebe
botta e risposta = schlagfertige Antwort

la banca, le banche = die Bank (Geldinstitut)
il banco, i banchi = Schulbank, Theke, zum Beispiel jedoch auch: *Banco die Roma, Banco di Sicilia* usw.
la colla, le colle = der Leim
il colle, i colli = Hügel
il collo, i colli = Hals
il collo, jedoch auch als Gepäckstück
la cera, le cere = Wachs
il cero, i ceri = große Kerze
la data, le date = Datum
il dato, i dati = Angaben
la fine, le fini = Ende
il fine, i fini = Zweck, Ziel
la fila, le file = Reihe
il filo, i fili = Draht, Garn
la foglia, le foglie = Blatt (vom Baum)
il foglio, i fogli = Bogen, Blatt (Papier)
la gamba, le gambe = Bein
il gambo, i gambi = Stengel
la meta, le mete = Ziel
la metà, le metà = Hälfte
le penna, le penne = Feder
la pena, le pene = Schmerzen, Leiden
la pezza, le pezze = Tuch, *le pezze di appoggio* = Belegzettel
il pezzo, i pezzi = Stück
la pizza, le pizze = Pizza
che pizza! = was für ein langweiliger Mensch oder Zeug
il pizzo, i pizzi = Spitzen, Berggipfel
la piana, le piane = Ebene
il piano, i piani = Plan, aber auch Ebene, jedoch auch das Klavier
la pianta, le piante = Pflanze
il pianto, i pianti = Weinen
la scopa, le scope = Besen
le scopo, gli scopi = Zweck
la soffitta, le soffitte = Boden, Speicher
il soffitto, i soffitti = Zimmerdecke

la tavola, le tavole = Tafel, Brett
il tavolo, i tavoli = Tisch
la vita, le vite = das Leben
la vite, le viti = der Weinstock, Schraube.

Und noch ein paar deutsche Worte, die Sie täuschen können, weil sie italienischen Worten zu sehr ähneln und doch eine ganz andere Bedeutung haben. Es sieht aus, wie ein Wortspiel: Statist heißt italienisch *comparsa,* und nicht *statista* = Staatsmann; Stipendium = *borsa di studio,* nicht *stipendio* = Gehalt, Bezüge; Kompaß = *bussola,* und nicht *compasso* = Zirkel; übrigens heißt *»perndere la bussola«* soviel wie »den Kopf verlieren, die Fassung verlieren, zum Beispiel *non perdere la bussola per cosí poco* = deswegen brauchst du doch nicht den Kopf zu verlieren! Konfetti = *coriandoli* und nicht *confetti* = Bonbons, Konfekt; Casino = *circolo, sala di riunione* und nicht *casino* = Puff; Kantine = *spaccio, mensa aziendale* und nicht *cantina* = Keller; Spirituosen = *alcoolici* und nicht *spiritoso* = geistreich; Brutto = *lordo* und nicht *brutto* = häßlich;
morbid = *morboso* und nicht *morbido* = weich;
fidel = *lieto,* und nicht *fedele* = treu;
Artist = *acrobata,* und nicht *artista* = Künstler;
skrupellos = *senza scrupoli* und nicht *scrupoloso* = gewissenhaft;
trivial = *banale* und nicht *triviale* = vulgär, gemein;
skurril = *comico, stupido* und nicht *scurrile* = unanständig, vulgär.

ZWEI WORTE ZUM ABSCHIED

Auf dem Einband dieses Buches sehen Sie einen genüßlichen Herrn, der unverkennbar ein Freund von Speise und trank ist. Ist das der Typ des Italieners? Ist es vielleicht unser Freund, der Rag. Brambilla, den der Zeichner gerade in seinem kurzen Moment der Schwäche überrascht hat? Wer weiß! Mir ist es einmal passiert, anzuhören, wie sich einer beklagte – ein Freund von einem Freund

– der von seiner rheinischen Heimat aus eine Reise nach Neapel und Sizilien unternommen hatte und recht enttäuscht zurückkam, weil er, wie er uns sagte, weder an den Straßenrändern noch auf Feldern oder sonstwo, Leute liegen gesehen hatte, die dem obligatorischen »dolce far niente« ergeben gewesen wären. Ach wo, sie arbeiteten, und um das Maß voll zu machen, sangen sie nicht einmal, nur aus den kleinen Transistorgeräten hörte man ein paar Lieder erschallen! Ein anderes Mal war meine Überraschung fast noch größer, denn wer sich mit ziemlicher Entrüstung beklagte, war eine wirklich hübsche, junge Frau, mit der befreundet zu sein ich das Glück hatte. »Was für ein Märchen, was für Geschichten erzählt man von euch«, sagte sie mir; »nicht einer hat in Italien den Kopf nach mir umgedreht, und dabei war ich viel unterwegs, es sind ja alles nur Märchen, die Italiener drehen sich nicht mehr um nach einer Frau!« Ich gebe zu, daß ich selbst bestürzt und recht verlegen war. Aus diesen so schmerzlichen Erfahrungen meiner Freunde folgerte ich, daß Italien wirklich ein seltsames Land sein muß, wo die Leute sogar daran denken zu arbeiten, und wo es Herren gibt, die so frech sind, daß sie sich nicht einmal vom Vorübergehen eines hübschen Mädchens ablenken lassen . . .
Ja wirklich:

»Paese che vai, usanze che trovi«

(andere Länder, andere Sitten)

und man muß wirklich immer auf alle Überraschungen gefaßt sein!

Ich habe ein Verzeichnis von Büchern über Italien angefügt, die in Deutschland und in Italien im Lauf der letzten Jahre erschienen sind; es ist eine beachtliche Reihe.
Darunter sind manche wirklich ausgezeichnet, die einen aus dem, die anderen aus jenem Grunde – aber glauben Sie mir, das beste Buch wird immer jenes sein, das noch nicht geschrieben ist. Ich meine jenes, das der Reisende, der allem Neuen und Fremden offen gegenübertritt, schreiben wird – ohne es zu schreiben –, indem er die Eindrücke des Landes durch die Augen in sein Gedächtnis, in sein Herz, in seine Träume und in seine Phantasie

aufnimmt, noch ehe er gesehen hat und nachdem er gesehen hat. Ich möchte fast sagen – ja, ich sage es: Lesen Sie nicht zu viel, ehe Sie sich das Land ansehen. Lesen Sie, nachdem Sie da waren, um die neuen Horizonte einzuatmen, um, mit Ihren Schritten, vielleicht bei Nacht, eine Straße oder eine reizvolle Ecke in ihren altertümlichen Maßen zu erfassen, oder einen Hügel, vor dem das Land sich breitet und der Sie ferne Türme ahnen läßt, die in den abendlichen Himmel ragen oder in das helle Licht vor der großen Sonne, und lernen Sie es vor allem in persönlichen und direkten Begegnungen mit seinen Menschen kennen.
Das wollte ich Ihnen sagen, ehe ich mich von Ihnen verabschiede und Ihnen danke für Ihre Geduld und für das Interesse, das Sie für die Sprache des Landes gezeigt haben, von dem Dante sagte: *»dove il dolce sí suona«*.
Und was ich hier für Sie und für mich aufgeschrieben habe, ist nur ein kleiner Teil von dem Element der lebendigen Sprache, die immer im Fließen und dauernd im Werden begriffen ist.

Migliorini, Storia della lingua italiana (Sansoni)
Battaglia-Pernicone, La Grammatica italiana (Chiantore)
Politi, Italienisch lernen – eine Freude; Italienisch perfekt *(Rascher)*
J. Schmitz van Vorst, Kleine Geschichte Italiens (Scheffler)
E. Jaime, Kleine Geschichte Venedigs (Scheffler)

Über Land . . .

E. Peterich, Italien, Band 1, 2, 3 (Prestel)
K. Edschmid, Italien, 1. Zwischen Alpen und Apennin; 2. Zwischen Apennin und Abruzzen; 3. Rom und der Süden (Kohlhammer)
E. Vietta, Italien mit und ohne Renaissance (Steingrüben)
R. Bacchelli, Italia per terra e per mare (Rizzoli)
D. Valeri, Guida sentimentale di Venezia (Martello)
W. Schmied, Einladung nach Verona (Langen-Müller)

H. V. *Morton,* Wanderungen in Rom (Scheffler)
H. V. *Morton,* Wanderungen in Italien (Scheffler)
R. *Raffalt,* Concerto Romano; Fantasia Romana (Prestel Verlag)
Italia, paese sconosciuto: 1. Calabria, 2. Abruzzo, 3. Basilicata (Electa)
G. R. *Hocke,* Magna Graecia (Erdmann)
C. *Brandi,* Pellegrino di Puglia (Laterza)
G. *Piovene,* Viaggio in Italia (Mondadori)
G. *Piovene,* 22 x Italien (Piper)
Th. Hetzer, Erinnerungen an italienische Architektur (Küpper)
H. *Keller,* Die Kunstlandschaften Italiens (Prestel)

. . . und Leute

Malaparte, Verflixte Italiener (Stahlberg)
Malaparte, Verdammte Toskaner (Stahlberg)
Rugantino (Canesi)
I. Montanelli, Wenn ich so meine lieben Landsleute betrachte (Günther)
V. Cardarelli, Il cielo sulle città (Mondadori)
A. Baldini, Italia di bonicontro (Sansoni)
Ossip Kalenter, Olivenland (Italienische Miniaturen) (Classen, Zürich)
L. *Olschki,* L'Italia e il suo genio (Mondadori)
Prezzolini, Italienische Kultur (Diederichs)

Verschiedenes:

P. Grimal, Auf der Suche nach dem antiken Italien (Scheffler)
G. G. *Loschiavo,* 100 anni di mafia (Vito Bianco, Roma)
N. Valletta, La jettatura (Canesi)
L. *Veronelli,* I vini d'Italia (Canesi)
Accolti e Cibotto, Lo stivale allo spiedo (Canesi)
L. *Veronelli,* I vini d'Italia (Canesi)

Accolti e Cibotto, Lo stivale allo spiedo (Canesi)
Aktuelles:
G. *Bocca*, La scoperta dell'Italia (Laterza)
H. *Hinterhäuser*, Italien zwischen Schwarz u. Rot (Kohlhammer)
Italien von Heute (Informationsdienst Rom 1963)
Anmerkung: Bei übersetzten Werken wurde in Klammern der deutsche Verleger angegeben, sonst ist der italienische genannt.

A

abbacchio 26
– essere abbacchiato 150
abbordare 107
abbordaggio 107
abbuffarsi 34
l'abito non fa il monaco 103
accomodante 75
accaponarsi – mi si accapona la pelle 139
acqua cheta 47
acqua in bocca! 134
acquolina – far venire l'a. in bocca 37, 133
adocchiare 106
adoperarsi 64
afferrare al volo 20
affetto 106
allampanato 70
altarini 116
altezza – essere all'altezza della situazione 151
alticcio 49
amore 104, 105
– fare l'amore 109
amoreggiare 109
amichetta 111
andatura a ciondoloni 79
andare a colpo sicuro 108
andar via insalutato ospite 110
andar via alla chetichella 110
ande 75
anfitrione 31
anguilla 125
antifona – capire l'antifona 127
aquila 123
aperitivo – a mo' di aperitivo 20, 22
– aperitivo liscio 21
appetito – stuzzicare l'appetito 39
– ingannare l'appetito 39
– l'appetito vien mangiando 25
aprire tanto d'occhi 66
arancini 44
arie – darsi arie 73
– arie di padreterno 73
arretrati 66
arrotondare lo stipendio 66
arte – non aver né arte né parte 114
articoli di fondo 69
asino – raglio d'asino non arriva in cielo 123
– è qui che casca l'asino 123
– legar l'asino dove vuole il padrone 123
attaccare – con me non attacca 110
attaccabottoni 77
avviare una conversazione 107

B

babà 43
baccalà – filetti di baccalà 47
– sei un bel baccalà! 125
bacchettone 78

baciapile 78
baffo – farsi un baffo 140
ballare – essere in ballo 73
– tirare in ballo 73
ballista 77
balletti verdi 118
bar 15
barba – farla in barba a tutti 130
bassa Italia 86
– che barba! 77
batter d'occhio 131
battibecco 73
battona 118
bastoni – mettere i bastoni tra le ruote 147
befana 116
becco – chiudere il becco 122
– non aver il becco di un quattrino 150
bellimbusto – fare il bellimbusto 113, 121
bello – fare la bella 140
– fare le belle 140
banderuola 78
beone 49
benedire – andare a farsi benedire 142
benpensanti 118
bernocolo – avere il 80
bere – questa non la beve nessuno 51
– non me la dai a bere 51
berlina – mettere alla berlina 147
bestia – andare in bestia 152
bici 60, 61
birra – farci la birra 141
– partire a tutta birra 152
bisboccia – fare bisboccia 33, 140
bisticcio 67
bocca – lasciare a bocca aperta 133
– lasciare a bocca asciutta 133
– rimanere con la bocca amara 133
– essere di bocca buona 133
– storcere la bocca 134
boccacce – fare le boccacce 134
boccia – bocce 161
boccone – mangiare solo un boccone 41
– buttar giù un boccone 61
bollire – qualcosa bolle in pentola 66
bonaccione 77
bolletta – essere in 150
botta e risposta 166
botte – essere in una botte di ferro 151
braccia – far cascar le braccia 135
breccia – essere sulla breccia 151
briga – prendersi la briga 150
brillo 49
brindare 50
brindisi – fare un brindisi 51, 50
brodo – tutto fa brodo 36
– andare in brodo di giuggiole 36
broncio – fare il broncio 140
bruciapelo – a bruciapelo 40
bruciare le tappe 108
buco – fare un buco nell'acqua 140
bulo, bullo 113
burino 79

buoi – mettere il carro innanzi ai buoi 125
busecca, busecconi 87

C

cabibbi 86
cagnara 74
cagnesco – guardare in cagnesco 122
caldo – non mi fa né caldo né freddo 146
callo – farci il callo 139
calzoni 44
cambiare i connotati 152
cambiare le carte in tavola 153
cambiarsi 153
campiello 89
campanilismo 82
campanilista 84
cane – menare il can per l'aia 122
– cane che abbaia non morde 122
– vita da cani 122
– tempo da cani 122
– essere come cani e gatti 122
cannelloni 24
capello – avere un diavolo per capello 127
– far rizzare i capelli in testa 129
– averne fin sopra i capelli 130
– torcere un capello 131
– mettersi le mani nei capelli 131
cappello – far tanto di cappello 140
– prendere il cappello 149
cappelloni 17
capo – far capolino 130
capovolti 118
capro espiatorio 123
cariatide 74
carlona – far qualcosa alla carlona 140
carne e ossa – in 66
carrozzella – fare carrozzella 109
carta da bollo 14
carta bollatta 14
la carta 23
la carta stradale 23
casa di tolleranza 117
cascamorto – fare il cascamorto 108
cascare – ci casca sempre 51
casamento 54
case popolari 54
casino 117
caso – farci caso 141
cavallo – a caval donato non si guarda in bocca 123
– andare sul caval di S. Francesco 123
– campa caval che l'erba cresce 123
– correre la cavallina 123
cavarsela 64
cavolo – come i cavoli a merenda 126
– ognuno pensi ai cavoli suoi 126

– *col cavolo che . . . 126*
– *non m'importa un cavalo 126*
celere – la Celere 17
cena 31
cerini 14
cesso 16
chi me lo fa fare 144
chilo – fare il chilo 30
cicchetto – fare un cicchetto 141
cima – da cima a fondo 45
cin cin 51
circonvallazione 19
ciucca – prendere una ciucca 49
ciumacca 116
civetta – essere una civetta 108, 123
civettare 108, 123
coccolare 69
colazione 30, 31, 33
collo – prendere uno per il collo 134
collo appresso 134
colmo – per colmo di disdetta 18
colombi – fioi e colombi sporca le case 122
colori – farne di tutti i colori 144
colpo – fare colpo 145
– *colpo di fulmine 107*
– *a colpo sicuro 108*
coltello – tenere il coltello per il manico 154
condire l'insalata 42
condito 42
condimento 42
combinare – combinarne una bella 65
coniglio – aver il coraggio di un coniglio 123
conti – far i conti senza l'oste 145
continentali 87
confetti 119
congedare in malo modo 114
conciliare il sonno 57
consumare – la colazione 57
– *il matrimonio 57*
– *le scarpe 57*
consumarsi 57
contaballe 77
contropelo 139
controllare l'olio e l'acqua 18
convogliare a giuste nozze 60
coperto – il coperto 23
coraggio – prendere il coraggio a due mani 148
corda – dare corda 77, 152
corna – fare le corna 102
cornetto 101
correre ai ripari 67
cotto – innamorato cotto 108
– *farne di cotte e di crude 144*
crepacuore – morire di crepacuore 135
crepapelle – ridere a crepapelle 139
cristiano – povero cristiano 93
cucinare – cucinarsi qualcuno 39
cucco – vecchio come il cucco 77
cuocere – lasciar cuocere nel proprio brodo 81
cuore – al suo buon cuore 135

– *sentirsi mancare il cuore 135*
– *di tutto cuore 135*
– *mettersi il cuore in pace 135, 148*

D

darsi da fare 152
debole – il suo 72
delitto passionale 117
dente – al dente 41
– *avere il dente avvelenato 134*
– *pane per i suoi denti 134*
desinare 60
dieta – essere in dieta 41
– *dover osservare una dieta 41*
dire – accademicamente 153
– *chiaro e tondo 153*
distributore di benzina 17
dito – legarsela al dito 137
– *sulla punta delle dita 137*
dolce metà 57
dominare la situazione 70
donna di facili costumi 118
donnina allegra 118
donzello 108
dormita – una bella dormita 56
dormiveglia 56

E

effetti personali 12
elettrodomestici 62
l'ennesima volta 66
espresso – lungo 15
– *alto 15*
– *ristretto 15*
– *corretto 15*
evento – il lieto evento 73

F

faccia – di bronzo 130
– *di tolla 130*
– *tosta 130*
– *perdere la faccia 130*
– *per la sua bella faccia 130*
– *dire in faccia 130*
facilone 77
fagiuolo 127
– *andare a fagiuolo 127*
fagotto – fare fagotto 141
fame da lupi 45
fanfarone 78
fardona 116
fare – fare a meno 12
– *niente da fare 12*
– *si è fatto tardi 16*
– *fare le facce 146*
farsi vivo 145
farsela con qualcuno 144
farsi forte di una cosa 145
fattura 100
fave dei morti 42

ferro di cavallo 102
ferro – venire ai ferri corti 152
fesso – prendere per fesso 148
– par fesso qualcuno 142
– fare il fesso 142
– fesso, fessacchiotto 75
festa – fare la festa a uno 142
festino 93
fiasco – fare fiasco 141
– prendere fichi per fiaschi 150
ficcanaso 132
ficcare il naso dappertutto 132
fico – non m'importa un fico secco 127
fifa, fifone 79
figlioccio 71
figliola – bel pezzo di figliola 64
figura – fare una figura 110
– fare una figura barbina 110
– fare una figuraccia 110
filare 18
– il perfetto amore 110
– che è un piacere 110
– per la tangente 110
filarsela all'inglese 110
filo – dare filo da torcere 152
Filano e Martino 92
finta – far finta 108
finocchio 118, 127
flanella – far flanella 142
foglia – mangiare la foglia 126
forchetta – una forchetta formidabile 34
forma – essere in forma 111
– rispettare le forme 111
ben formata, formosa 111
forse – essere in forse 151
fortuna – per 71
fradicio – ubriaco fradicio 50
fregarsi – me ne frego 77
friggere – vada a farsi friggere! 38
– cose fritte e rifritte 38
friggitoria 44
frigo 69
frugoletto 71
frullato di frutta 22
il frutto non casca lontan dall'albero 126
fulminanti 14
fuoco – far fuoco e fiamme 142
fuori – restar fuori 46
– far fuori 142

G

gabinetto – dentistico 16
– oculistico 16
– Vieusseux 16
– gabinetti pubblici 16
galletto – fare il galletto 108, 121
gallina – avere il cervello di una gallina 122
gamba – in gamba! 39, 128, 138
– gambe in spalla! 135
– darsela a gambe 138
gambero – farsi rosso come un gambero 124
– andare come i gamberi 124
gangheri – uscire dai gangheri 62, 126, 152

gas – dare tutto gas 18
gatta morta 47
gatto – essere in quattro gatti 122
– far la gatta morta 122
– pigliarsi una gatta da pelare 122
– gatta ci cova 122
– tanto va la gatta al lardo che ci lascia lo zampino 122
gelosia 117
ghirigori – fare dei ghirigori 142
ghiro – dormire come un ghiro 124
ghingheri – mettersi in ghingheri 148
giacomino – le gambe fanno giacomino 48
– le gambe fanno giacomo giacomo 48
giardino pubblico 93
giardinetta 43
giardiniera 43
giornali a fumetti 63
giorno dei morti 43
giovani di belle speranze 112
giovinastri 113
giovincelli 112
giri al largo! 110
giradischi 68
gironzolare 46
giro – prendere in giro 149
gnorri – fare lo gnorri 142
gola – prendere per la gola 150
gomito – alzare il gomito 136
gotto – un 49
gramigna – essere come la gramigna 126
grana 40
– avere della grana 40
– aver delle grane 40
– una grana tira l'altra 40
granchio – prendere un granchio 124, 149
grandi – faremo i grandi 24
grattacapo – avere un grattacapo 129
grattacielo 54
grilli – aver grilli per la testa 76
grossa – farla grossa 78
guadagnarsi la pagnotta 76
guai – stare nei guai 151
guanciale 44
guardare di brutto 25
guastafeste 75
guastarsi con qc. 65

I

imperterrito 113
impiastro 75
impicciarsi – nun t'impicciare! 96
impiparsi 157
imposte 56, 117
impuntarsi 67
inalberarsi 62
incapricciarsi 109
incassare il colpo 70
incinta 73
indiano – fare l'indiano 142
infido come un serpente 124

infischiarsi 67, 76, 157
ingranare la prima 17
innamorarsi 109
inestare la seconda 17
insidiata 110
insipida 42
insonnolito 56
intavolare una conversazione 108
intendersela 108
interfacoltà 62
intingoli 37
intraprendente 113
invertiti 118
iris 42
ironia della sorte 18

J

jella 101
jettatore 101, 102
jettatura 100, 101

L

largo – un largo 19
– prendere il largo 150
lasciar in pace 61
lasciar perdere 61
lassativo 46
latrina 16
lattemiele 42
lavativo 78
leccapiedi 138
levataccia 56
liceale 59
lingua – la lingua batte dove il dente duole 127
– non aver peli sulla lingua 134
– mala lingua 134
– aver qualcosa sulla punta della lingua 134
lucciole – prendere lucciole per lanterne 124, 150
lumaccone – aver la faccia di lumaccone 125
lupo – in bocca al lupo 123

M

macchina 12
magnaccia 118
magnagatti 88
malincuore – a malincuore 135
malviventi 17
malocchio 100, 102, 131
mandarlo a quel paese 110
mancia 23
mangeria 33
mangiare – in bianco 41
– di magro 41
– a più non posso 34
– a quattro ganascie 34
– a crepapelle 34
mangiata – fare una mangiata 33
manica – essere di manica larga 23
manicaretti 37
mano – dare la buona mano 23
buonamano 137

– *dare una mano 127*
– *una mano lava l'altra 62*
– *a mano a mano 136*
– *avere le mani in pasta 136*
– *essere alla mano 136*
– *a mani giunte 136*
– *mettere le mano sul fuoco 136*
– *mettere le mani avanti 136*
– *farsi la mano 136*
– *levarsene le mani 136*
– *mangiarsi le mani 137*
– *fregarsi le mani 137*
– *fatto a mano 137*
– *venire alle mani 137*
– *menare le mani 137*
– *alzare le mani 137*
– *con le mani in mano 137*
– *far man bassa 137*
manata 137
manesco 137
manrovescio 137
mare – essere ancora in alto mare 151
marmotta – dormire come una marmotta 124
maschere 90
mattacchione 79
mattina – di prima mattina 39
matto 95
menagramo 101
meneghino 92
menefreghista 77
meno male 59
mente locale – far mente locale 143
meridione 86
merlo 123
mescita 48
metropolitani 17
mezzano 118
mica male 57
mixchette 74
micragnoso 77
mimosa – essere come una mimosa 126
minerva 14
mingherlino 70
mira – prendere di mira 148
mirabilia – dire mirabilia di uno 153
moglie – moglie e buoi dai paesi tuoi 125
monte – mandare a monte una cosa 140
monopezzo 115
mortificato 46
mosca – far saltar la mosca al naso 124
– *essere una mosca bianca 124*
moscio 114
mossa – fare la mossa 145
i muli – le mule 95
mulo, testardo come un 123
musetto 62

N

naja – andare sotto la naja 76
napoletana 57
naso – non vedere più lontano della punta del naso 132

– *far venire la mosca al naso 132*
– *prendere, menare per il naso 132*
navigato 114
necessità – far di necessità virtù 146
nesci – fare il nesci 142
notte – notte fonda 81
– *passar la notte in bianco 56*
nostalgico 75
nutrito – un tipo ben nutrito 45
– *una nutrita schiera 45*

O

oca – comportarsi come un'oca 122
ochette 122
occhio – tenerlo d'occhio 131
– *lontan dagli occhi, lontano dal cuore 131*
– *occhio per occhio 131*
– *parlare a quattr'occhi 131*
– *al primo colpo d'occhio 131*
– *in un batter d'occhio 131*
– *occhio clinico 131*
– *con la coda dell'occhio 131*
– *un'occhiata 131*
offendere – mi offendo 97
offrire – offro io 20
ore – fare le ore piccole 56
orecchio – prestar orecchio 128
– *mi fischiano le orecchie 132*
– *far orecchie da mercante 132*
– *farsi l'orecchio 132*
– *tirare le orecchie 132*
– *mettere una pulce nell'orecchio 132*
orso – essere un orso 123
ospite 31
ospite ospitante 31
ospite ospitato 31

P

pacchia 81
paese – paese che vai, usanze che trovi 82
paesani 86
palazzo, palazzina 54
palma – in palma di mano 136
palmo – rimanere con un palmo di naso 132
palla – prendere la palla al balzo 148
– *levarsi il pane di bocca 134*
panna montata 42
papaveri 126
papere – fare delle papere 143
– *pigliare delle papere 143*
pappa molle 39
pappagalli 112, 114
paparazzi 114
pappone 118
papparsi qualcosa 34
parcare 19
parcheggiare 19
parcheggio 19
parentado 73

parole incrociate 63
parlantina 109, 153
partita vinta 68
partito – un buon partito 79
pari e patta – far pari e patta 143
pasquetta 92
passeggiatrice 118
passo – fare il passo più lungo della gamba 138
– fare quattro passi 143
la pasta, le paste 71, 87
– una pasta d'uomo 35
– pasticino 35
pasticcio 34
– essere in un bel pasticcio 34
pasta – pasta reale 43
patito 73, 80
patocco 85
pecora – chi pecora si fa, lupo lo mangia 123
pedinare 106
pedissequo 138
pedone 138
peggio che peggio 16
pegola 101
pelare 40
pelata 70
pelle – non stare più nella propria pelle 139
– pelle d'oca 139
– salvare la pelle 139
pelo – cercare il pelo nell'uovo 139
pennichella 30, 141
pensate alla salute 96
perdere le staffe 62
perdifiato – correre a perdifiato 152
peripatetica 118
persiane 56, 117
– persiane chiuse 117
pesce – come un pesce fuor d'acqua 125
– buttarsi a pesce 125
– chi dorme non piglia pesci 125
pezzo – pezzo duro 44
– pezzo di ragazza 115
piacere – mi piace un frego 109
– mi piace un fottio 109
– mi piace un pozzo 109
piantare in asso 152
la pianta della città 17
far una cosa di sana pianta 126
piantare, piantarla 67
piantagrane 78
pianta stabile 65
piatto forte 25
piazza, piazzale 19
piattola – è una piattola 124
piccarsi 114
piccioni – prendere due piccioni con una fava 122
pidocchio – essere un pidocchio 124
piede – andare con i piedi di piombo 138
– tenere un piede in due staffe 138
– mettere un piede in fallo 138
– levarsi dai piedi 138
– in punta di piedi 56, 81
– su due piedi 139

pieno – fare il pieno 17
pignolo 74
pignoleria 117
Pinco Pallino 92
pisolino 141
pitocco – fare il pitocco 145
pive – andarsene con le pive nel sacco 110
pizza – che pizza! 77
pizzardone 17
pizzeria 44
poco – è poco ma è sicuro 115
polentoni 86
polli – far ridere i polli 121
– conoscere i suoi polli 122
poliziotto 17
pomiciare 113
pomicione 113
porca l'oca 122
portajella 101
portata 60
portoghese – fare il portoghese 143
posapiano 79
posticino 16
posto – a posto 65
– essere a posto 65
– mettere a posto 147
– un posto di ristoro 18
pranzo 30, 31
– pranzo con i fiocchi 34
prendere – prendere sul serio 38, 150
– prendere nota 64
– prendi su e porta a casa 150
– prendersela a male 149
prendisole 115
prezzo d'amatore 119
prescia – essere di prescia 58
– aver prescia 58
prezzemolo – essere come il prezzemolo 126
prima – a tutta prima 20
privativa 14
prodigarsi 64
pulce – mettere una pulce nell'orecchio 132
pulcino – bagnato come un pulcino 121
puntare una macchina 93
puntatina – fare una puntatina 143
punti – mettere i punti sugli 147

Q

quadrare – far quadrare i conti 143
quatto – avvicinarsi quatto quatto 152
quatieri alti 54
quartierino 54
quattrini 40
quattro – quattro passi 19, 164
– quattro salti in famiglia 143
– farsi in quattro 164
– in quattro e quattr'otto 164
in quei di Firenze 85
quota – prendere quota 150

R

raccapezzarsi 17
racchia, racchiona 116
raccomandata 14
raccomandato di ferro 78
radici – mettere radici 147
radio – abbassare la radio 63
– accendere la radio 63
– aprire la radio 63
– spegnere la radio 63
– chiudere la radio 63
rapa – testa di rapa 126
rane fritte 39
rassegna – passare in rassegna 115
retta – dar retta 152
ricevimenti 43
richiamare all'ordine 68
rimangiarsi la parola 39
rimetterci 65
rimpatriata 95
rinfacciare 130
rinfrescante 46
rinfreschi 43
rinfrancato – sentirsi rinfrancato 151
rionale 61
ripari – correre ai ripari 67
riserva 12
riso – il riso fa buon sangue 36
– il riso nasce nell'acqua e muore nel vino 36
– riso scotto 41
risotto – salta fuori un bel risotto 37
rispondere per le rime, rispondere picche 153
ritirata 16
ritorno di fiamma 111
rogne 61
romana – facciamo alla romana 33
rompicollo – correre a rompicollo 134
rompiscatole 75
rosa – fresca come una rosa 127
– una rosa non fa primavera 127
– non c'è rosa senza spine 127
rospo – ingoiare un rospo 124
rotta di collo 134
rosticceria 44

S

sagoma 113
salottiera 75
sambuca con la mosca 27
sangue – farsi cattivo sangue 141
sanguisuga 124
santarellina 116
santuzza 93
sapere – sapere di niente 41
– saperci fare 108
saputello 37, 75, 143
sbafare 32
sbafatore 32
sbafo – mangiare a sbafo 32
sballato 166
sbarbatello 76
sbobba 41

sboccato 154
sbornia 49
sbottonarsi 69
sbraitare 73
sbrigarsi 59
sbronza 49
sbronzarsi 49
sbronzo 49
sbruffone 75
scaja 118
scalogna 101
scaltrito 114
scampanellata 69
scansafatiche 77
scapolone impenitante 81, 114
scaramanzia 101
scartoffie 59
scaricabarile – giocare a scaricabarile 143
scarpe – fare le scarpe a qualcuno 146
schedine del totocalcio 81
scenate – far scenate 144
  – scherzi da burino 79
  – scherzi da preti 79
schiaffo – una faccia da schiaffi 130
  – prendere a schiaffi 149
schiappa 80
sciapa 42
sciocca 42
scioglilingua 125
scimmia – brutta scimmia 124
scimmiottare 124
scocciare 68
scocciatore 38, 68
scocciatura 68
scodella, scodellare 60
scongiuri 58, 101
scontrino 18, 20
scolare 57
scoprire gli altarini 116
scorbutico 74
scorfano 116
scorpacciata 45
scorta 12
scorza – celare sotto la dura scorza un cuore d'oro 126
scroccare 32
scroccone 32
scuffia – prendere una scuffia 108, 149
scuri 117
seccare 68
seccatore 68
seccatura 68
secco – è rimasto a secco 13
semaforo 58
senno – del senno di poi ne son piene le fosse 115
seno 115
senso unico 16
sequela 71
servitù 46
settentrione 97
sfasato 78
sfaticato 91
sfogarsi 61
sfoggiare, fare sfoggio 73
sfortuna – la sfortuna ci perseguita 16
sfottuto 88

sfuggire sotto il naso 132
sgambetto 138
sgobbare, fare una sgobbata 64
sgorbio 116
sgranchirsi le gambe 19
sgusciare 70
smacco – prendere uno smacco 149
smargiasso 113
sofisticato 75, 116
soldi – mangiarsi tutti i soldi 40
solo soletto 38, 163
solluchero – andare in solluchero 36
sonnellino – fare il sonnellino 141
soppiatto – guardare di soppiatto 131
soprappensiero 65
sorbire un caffè 18
sorci – far vedere i sorci verdi 124
sordo – sordo come una talpa 124
  – non c'è peggior sordo di chi non vuol sentire 132
sottecchi – guardare di sottecchi 131
sottile – non si va per il sottile 49
sottomano 136
spaccato 85
spaccone 78, 90
spaesato 87
spaghetto – aver spaghetto 36
spalle – alzare le spalle 135
  – con le spalle al muro 135
  – spalluccie 135
sparare grosso 78
spasimante 113
spasso – andare a spasso 152
spavaldo – fare lo spavaldo 144
spazzola – ma che spazzola! 34
spende e spande 41
spiccioli 151
spina – togliere una spina dal cuore 135
spiritato 75
spirito di contraddizione 67
spogliarello – fare lo 145
spuntino 44
squillo – ragazza squillo 61
stare dietro 106
  – statevene buono! 96
stato interessante 73
stecchetto – tenere a stecchetto 154
stomaco – mettere qualcosa sullo stomaco 39
  – ingombrare lo stomaco 39
  – stare sullo stomaco 39
  – avere uno stomaco di struzzo 22
storcere il naso 25
stravagante 75
stravedere 69
strizzare l'occhio 131
strozzino – fare lo strozzino 134
stucco – rimanere di stucco 70, 151
stura – dare stura 75
stuzzicare l'appetito 19, 39
su da noi 87
sugo 37
suonare – suonarle di santa ragione 84
  – suonare ad orecchio 132
superstizioso 103
supplì 42, 44

svegliarsi di soprassalto 56
svenevole – fare lo svenevole 108
svedesi 14
sventola 116

T

tabaccaio 13
– spaccio tabacchi 13
– rivendita di Sale e Tabacchi 13
tabacchino 13
talia, taliassi 93
tapparsi le orecchie 132
tarchiato 70
tardona 116
tartaruga – lento come una tartaruga 124
tartina 43
taverna 47
tavola – mettersi a tavola 148
– far onore alla tavola 33
tavolata 33, 47
tempo – fare in tempo 144
– ingannare, ammazzare il tempo 115
tenero – fra quei due c'è del tenero 108
tenersi buono 154
tenersela cara e da conto 62
terroni 86
testa – aver la testa sul collo 127, 135
– aber la testa a posto 65, 135
– colpo di testa 129
– testa balzana 129
– fare una testa cosi 129
– testa dura 129
– ficcarsi in testa qualcosa 129
– una lavata di testa 129
– la testa tra le nuvole 129
– una bella testa 129
– perdere la testa 129
– non saper dove sbattere la testa 129
– non mettersi in testa sciocchezze 148
– testardo come un mulo 123
– testata 129
– testone 129
tifo – fare del tifo, tifoso 80, 144
tintarella – prendere la tintarella 114
tipino a modo 78
tipo terra terra 114
tirchio 77
tiro – fare un tiro 146
tirare avanti 64
titolare 66
Tizio, Caio e Sempronio 92
toccare – oggi tocca a me 20
– toccar ferro 59, 102
– toccare il tasto 118
tocco – l'aspetto al tocco 31
tonto – fare il finto tonto 141
toro – prendere il toro per le corna 125
– tagliare la testa al toro 125
tornare alle carica 113
tovagliolo 93

tracannare 50
taffichino 78
trattamento – fare un buon trattamento 144
traviare 109
tribolare – far tribolare 146
trincare 50

U

uccello 123
uccello del malaugurio 123
utilitaria 58

V

vacca – andare in vacca 125
vaccata 125
vanesio 78
vantone 78
vedere – non vedercela più dalla fame 45
vena – essere in vena 61
venditore di fumo 77
verde – essere al verde 150
verso – andare per il giusto verso 61
– non c'è verso 67
– prendere ognuno per il suo verso 67, 150
– fare dei versi 67
– fare versi 67, 144
vespasiano 16
vezzeggiato 69
viaggio – fare un viaggio e due servizi 122
vicolo cieco 16
video 68
vigile urbano 17
villa, villetta, villino 54
vino locale 49
– nostrano 28
– dire pane al pane e vino al vino 48
– consorzi vinicoli 49
viso – parlare a viso aperto 130
– fare buon viso a cattivo gioco 130
viziato 69
vociare 70
volante – stare al volante 17
la volante 17
voltafaccia 130

Z

zappa – darsi la zappa sui piedi 139
zazzera 70
zizzania – mettere zizzania 147
zolfanelli 14
zucca – piantarsela nella zucca 126
zuppa – se non è zuppa è pan bagnato 36
– una bella zuppa 36

GIANNI SELVANI

der Verfasser dieses Buches, aus Triest gebürtig, lebte viele Jahre in Deutschland, zuerst als Universitätslektor in München, Tübingen und Bonn, dann in Frankfurt a. M. als Kulturreferent beim Italienischen Generalkonsulat, jetzt Professor für Germanistik in Italien. Durch seine Übersetzungen machte er deutsche Lyriker in Italien bekannt, wie zum Beispiel Rudolf Hagelstange, und trat umgekehrt auch in der deutschsprachigen Welt durch die Übersetzung der Lyrik des Nobelpreisträgers Salvatore Quasimodo hervor.

SACHBUCH

Als Band mit der Bestellnummer 63 060 erschien:

Paul Medina

FRANZÖSISCH, WIE ES NICHT IM WÖRTERBUCH STEHT

Hand aufs Herz! Hätten Sie gewußt, daß Monsieur Dupont gerade einen Aperitif bestellte, als er in seinem Bistro ein lässiges »un apéro« über die Theke schob?

Französisch, wie es nicht im Wörterbuch steht, das sind verkürzte Ausdrücke und Begriffe, das sind Witze und Redensarten, das sind Zoten und Schimpfworte, kurz alles, was man nicht auf der Schule lehrt und lernt.

Auf unterhaltsame Weise schaut dieser Sprach- und Fremdenführer nicht nur durch die originellsten Wendungen der französischen Sprache dem Nachbarvolk buchstäblich aufs Maul, sondern bietet auch eine Einführung in die französische Lebensart.

BASTEI LÜBBE

SACHBUCH

Als Band mit der Bestellnummer 63 068 erschien:

Arthur Steiner

AMERIKANISCH, WIE ES NICHT IM WÖRTERBUCH STEHT

In den Vereinigten Staaten entwickelte sich nicht nur eine eigene Kultur, sondern auch eine eigenständige Sprache, die sich mehr und mehr von dem uns bekannten Schulenglisch unterscheidet.
Amerikaner trifft man auf der ganzen Welt, wer sich richtig mit ihnen unterhalten will, sollte diese Unterschiede kennen.
Unterhaltsam und amüsant zeigt vorliegender Sprach- und Fremdenführer den richtigen Weg zum besseren Verständnis des »American way of life«.

BASTEI LÜBBE